Ursula Eschenbach

Wie verstoßene Kinder über sich selbst hinauswachsen

Mit Märchen leben

Ursula Eschenbach

Wie verstoßene Kinder über sich selbst hinauswachsen

Hänsel und Gretel

Kreuz

Inhalt

Mein Lieblingsmärchen

Von Angela Seifert

Es war einmal … ein kleines Mädchen, ein kleiner Junge, etwa vier, fünf Jahre alt. In dieser Zeit gab es Ereignisse, die das weitere Leben der/des Kleinen bestimmten …«

So könnte Ihr eigenes Märchen beginnen. Natürlich kann ich es nicht weiterschreiben, weil ich Sie und Ihre Geschichte nicht kenne, doch ich kann aus meinen Erfahrungen als Psychotherapeutin einiges erzählen, was Ihnen hilfreich sein könnte, selbst ein wenig Klarheit in Ihre Lebensgeschichte zu bringen – wenn das Ihr Anliegen ist.

In der Transaktionsanalyse, die der amerikanische Psychiater und Psychotherapeut Eric Berne begründet hat, arbeiten wir auch mit den Lieblingsmärchen aus der Kindheit und den Geschichten, die später im Leben bedeutungsvoll für die/den Betreffende/n geworden sind.

Wenn Sie wollen, können Sie einmal schauen, ob Sie Ihr persönliches Skriptmuster, Ihr Lebensdrehbuch im Märchen *Hänsel und Gretel* entdecken.

An welche Ereignisse erinnern Sie sich, als Sie vier oder fünf Jahre alt waren? Wie haben Sie sich damals in der Familie, in der Sie aufgewachsen sind, erlebt? Am besten, Sie schreiben erst einmal alles auf, was Ihnen einfällt.

Und wenn Sie noch ein Übriges tun wollen, um Ihrer Skriptgeschichte auf den Grund zu gehen, empfiehlt es sich, bevor Sie weiterlesen und vor allem, bevor Sie das Märchen noch einmal lesen, eine kurze Inhaltsangabe des Märchens aus dem Gedächtnis aufzuschreiben, nach dem, was Sie davon noch erinnern. Sie soll wirklich nur kurz sein, fassen Sie das für Sie Wesentliche in wenigen Sätzen zusammen.

Falls Sie sich darüber hinaus noch an ein Buch, Theaterstück, Kinofilm erinnern, das/der Sie in der Zeit der Pubertät, also zwischen 12 und 18 Jahren, sehr beeindruckt hat, schreiben Sie auch eine kurze Zusammenfassung davon. Und wenn Sie dann noch Lust zu weiteren Recherchen über Ihren unbewussten Lebensplan haben, überlegen Sie, welche Geschichte Ihnen in den vergangenen zwei bis drei Jahren wichtig war, und verfahren mit ihr wie mit der Zusammenfassung des Märchens und der Pubertätsgeschichte.

Anschließend können Sie schauen, ob Sie ein gemeinsames Thema zwischen dem Märchen und der Geschichte aus den vergangenen zwei bis drei Jahren entdecken. Das Thema der Pubertätsgeschichte wird auch entweder ähnlich sein, oder es zeigt eine Gegenposition auf. Denn die Adoleszenz ist oft eine Zeit der Rebellion, und da konstelliert sich im Heranwachsenden eine Tendenz, das Alte, Vertraute aufzubrechen, die bis dahin abgelehnte Seite – oft ist es die ureigene, die den Eltern zuliebe unterdrückt wird – in das Verhaltensrepertoire mit aufzunehmen. Die Lieblingsgeschichte aus der Pubertät kann also, falls das Lieblingsmärchen aus der Kindheit und die bevorzugte Lektüre aus jüngster Zeit eine Einseitigkeit und damit eine Einschränkung des Lebendigseins aufweisen, die Lösung beinhalten.

Zu einem richtigen Drehbuch für das Theater oder für einen Film gehören ganz bestimmte Rollen:

- die Hauptperson, um die sich das Ganze dreht – in den Märchen Held oder Heldin genannt –, diese Rolle teilt das Kind natürlich sich selbst zu;
- der Widersacher/die Widersacherin, der/die das Leben erschwert – im Märchen tritt diese Person meist als böser Zauberer, Riese, als Hexe oder als Stiefmutter auf –, die das Kind in der Person erlebt, die hauptsächlich seine Spontaneität einschränkt;
- der Retter/die Retterin – z.B. eine gute Fee, ein alter Weiser, oft übernehmen auch hilfreiche Tiere diesen Part –,

diese Rolle überträgt das Kind manchmal einer lieben Oma oder einem verständnisvollen Opa und anderen Menschen, denen es vertraut.

- Dann gibt es auch noch weitere Personen, die unverzichtbar sind, sowie einige Randfiguren, die dazu beitragen, dass die Geschichte unerwartete Verwicklungen erhält, also spannend ist und nicht allzu rasch zu Ende geht.
- Und natürlich, das Wichtigste bei jedem spannenden Drehbuch: Es gibt am Schluss etwas zu gewinnen, eine Prinzessin oder einen Königssohn, einen Schatz, und manchmal sogar das eigene Leben.

Aber die Spannung der Geschichte besteht darin, dass es mittendrin oft so aussieht, als sei dieser Gewinn nicht zu erzielen, als sei er für immer verspielt, als müsste am Ende der Held/die Heldin als Verlierer/Verliererin dastehen.

Es ist eben wie im richtigen Leben, denn Drehbücher jedweder Art werden nach den Erfahrungen geschrieben, die das Leben liefert.

Gerade in den Geschichten der frühen Kindheit, also im Vorschulalter, wird das Thema des weiteren Lebens besonders eindrucksvoll deutlich. In diesem Alter sind Kinder sehr aufnahmebereit für alles, was um sie herum geschieht, sie beobachten genau die Menschen, mit denen sie zu tun haben, vor allem natürlich Mutter, Vater und Geschwister, und sie treffen eine, später meist nicht mehr bewusste, Entscheidung. Zum Beispiel kann ein Kind sich sagen: »Ich werde nie mehr meine Gefühle zeigen«, wenn es erlebt, dass seine Gefühle nicht ernst genommen werden. Und als Erwachsene/r wird dieser Mensch dann als überwiegend rational denkend oder gar als gefühlskalt von anderen wahrgenommen. Oder ein Kind sieht, dass jemand in der Familie oft krank ist und deswegen besonders viel Aufmerksamkeit erhält. Es kann sich vornehmen: »Ich werde auch oft krank sein, dann kümmern sich die anderen um mich.« Oder – das ist manchmal bei einem Kind der Fall, das als jüngstes in einer Familie aufwächst – es spürt, dass Mama es am liebsten immer bei sich haben, es nicht eines Tages hergeben möchte, dann kann es sich vornehmen: »Ich verlasse Mama nie. Am besten, ich werde gar nicht wirklich erwachsen.« Daraus wird möglicherweise ein Mensch, der auch im Alter noch kindlich wirkt und von anderen Menschen, z. B. in seinen Partnerschaften, auf ungesunde Weise abhängig bleibt.

Wir nennen diese Schlussfolgerung, die das Kind aus dem zieht, was es in der Familie erlebt –, es gibt natürlich noch viel mehr als die hier kurz geschilderten – seine »Skriptentscheidung«. Sie ist maßgebend für den, zunächst einmal unbewussten, persönlichen Lebensplan, denn die Gefühlsreaktionen und Verhaltensweisen werden um die entsprechende Entscheidung herum aufgebaut.

Als Vor-Bilder, um so ein »Lebensdrehbuch« innerlich »schreiben« zu können, sucht sich das Kind aus den Geschichten, die es hört, diejenigen aus, die am besten zu seiner jeweiligen Entscheidung passen. Zum Beispiel kann es sich mit Hänsel oder Gretel identifizieren, wenn es beispielsweise ein eher schüchternes und ängstliches Kind ist, das oft mit strengen Forderungen seitens der Mutter bedacht und in seiner Zartheit nicht gewürdigt wird, und dieses Märchen zu seinem Lieblingsmärchen erklären, weil es darin beschrieben findet, dass ein Kind seiner Art auch Kräfte mobilisieren kann, die es schwierige Lebenssituationen überwinden lassen.

So werden die Märchen und Geschichten, die das Kind in der frühen Kindheit hört, zu Leitbildern für ein bestimmtes Muster, für sein Lebensskript. Es projiziert sowohl seine innere Not, seinen Tatendrang und Veränderungswunsch als auch seine Hoffnung, die Möglichkeit der Erlösung und geistigen Bereicherung auf die Gestalten, die ihm das Märchen vorstellt.

Wenn nun jemand sein Lebensskript kennen lernen will, sind dazu die Märchen aus der Kindheit besonders geeignet, weil in ihnen immer – im Gegensatz zu den längeren Geschichten eines Buches – nur ein Thema behandelt wird.

Wenn man viele Lebensgeschichten kennen lernt, fällt auf, dass es für ein Kind zunächst fast immer das Wichtigste ist, seine Eltern glücklich zu machen. Die meisten Kinder tun unheimlich viel für Mama und Papa, wobei dann die Tragik des weiteren Lebens darin besteht, dass sie an dieser »Aufgabe« scheitern. Einem Kind kann es nicht gelingen, dass Mutter und Vater glücklich und gesund sind, dafür können die beiden nur selber sorgen. Zu diesem Zweck kommt das Kind auch nicht auf die Welt. Es wird geboren, um selbst sein Leben zu leben, seinen eigenen Weg zu gehen und sein Glück zu finden. So wie der Held/die Heldin im Märchen. In diesem Märchen ist zu Beginn die Rede davon, dass ein Elternpaar für sich und die Kinder nicht mehr genug zu essen hat und deshalb beschließt, die Kinder im Wald auszusetzen.

Haben Sie sich vielleicht als kleines Mädchen/kleiner Junge manchmal von Ihrer Mutter unverstanden und von Ihrem Vater verlassen gefühlt? Wollten Sie deshalb viel für Mama tun, damit sie die Kleine/den Kleinen auch annimmt? War Ihr Vater wenig für Sie da, und Sie haben sich angestrengt, etwas Gutes für ihn zu tun? Haben Sie vielleicht besonders viel Rücksicht genommen und sich ruhiger verhalten, als es Ihrem Temperament entsprochen hat, wenn Mama wieder einmal Kopfweh hatte oder überlastet war, weil sie noch weitere Geschwister versorgen oder Geld verdienen musste? Möglicherweise nahmen Sie sich damals vor, schnell selbstständig zu werden, ihre eigenen Wege zu gehen, um Mama zu entlasten und ihr keine Sorgen zu machen. Vielleicht war Ihr Vater recht stolz auf seine gehorsame Tochter oder auf seinen braven Sohn und Sie wollten ihn nicht enttäuschen und haben versucht, sich möglichst »unsichtbar« zu machen.

Da kann es natürlich schon zu Überforderungen im zarten Kindesalter kommen, und die Folge davon könnte sein, dass Sie später im Leben die an Sie gestellten Aufgaben nicht richtig einschätzen können und sich aus Angst, nicht zu genügen, mehr aufladen, als Sie realistischerweise schaffen können. Oder Sie sind als Erwachsene/r froh, endlich dem Zugriff der strengen Eltern entronnen zu sein, und gehen jetzt Ihr Tagewerk eher locker oder auch ein wenig zu forsch an, so dass Sie öfter in schwierige Situationen geraten, Ihnen diese zu spät bewusst werden.

Wie auch immer – eine Zeitlang macht es im Leben wenig aus, wenn man sich über- oder unterfordert, doch auf Dauer kann beides zu unangenehmen Folgen führen. Zumindest wird der eigene Lebensgewinn dadurch in Frage gestellt.

Hier wäre also für Sie die Frage nach Ihren Begabungen und Fähigkeiten wichtig. Wissen Sie um alle Begabungen, die in Ihnen angelegt sind, also könnten Sie – im übertragenen Sinne – mit sicherer Intuition den Schatz Ihres Lebens finden? Oder meinen Sie, dass Sie sich keine Sorgen um Ihre Zukunft machen müssen, weil ein gutes Schicksal schon für Sie sorgen wird? *Hänsel und Gretel* werden uns ja als ein Geschwisterpaar dargestellt, das tapfer und gläubig seinen Weg geht, sie lassen sich immer wieder etwas einfallen, um so ihr Schicksal zu meistern.

In der Tat begegnen uns ja immer wieder Menschen, die mutig und mit viel Kreativität schwierige Aufgaben meistern. Es ist manchmal fast unglaublich, mit viel Glück manche Menschen durch brenzlige Situationen kommen, als würde ein Schutzengel über sie wachen. Doch manchmal werden gerade diese Menschen mit den dunklen Seiten des Lebens konfrontiert, denen sie sich dann hilflos ausgeliefert fühlen – wie Hänsel im Stall der Hexe –, weil sie nicht gelernt haben auf diese zu achten.

Dieses Märchen zeigt, dass die Fähigkeit, alles, was kommt, annehmen und grundsätzlich vertrauen zu können, auch dazu führen kann, gefährliche Situationen auszublenden. Dann können Held und Heldin ihres Lebens nicht mehr so sicher sein. Innerpsychisch heißt das, sie haben ihre Sicherheit, die in ihrer Intuition steckt – hier dargestellt im Knabbern am Haus der Hexe –, verloren.

Wenn *Hänsel und Gretel* Ihr Lieblingsmärchen ist, verfügen Sie möglicherweise über den Einfallsreichtum und das Selbstvertrauen, die diese Mädchenkinder auszeichnen, oder, im Gegenteil, Sie erleben sich oft als ängstlich und schüchtern, so dass Sie sich *Hänsel und Gretel* als Vor- und Leitbilder gesucht haben.

Denn das Thema dieses Märchens heißt »Mut und Selbstvertrauen«.

Hänsel und Gretel gehen voller Vertrauen auf ihre eigenen Fähigkeiten mit den Eltern in den Wald, obwohl sie wissen, dass die Eltern sie dort aussetzen wollen. Sie verzagen auch nicht, als sie merken, dass sie den Heimweg nicht finden können. Sie geben nicht auf, den Weg zu suchen und finden endlich das Knusperhäuschen. Arglos nehmen sie die Einladung der Hexe an und fühlen sich in den weiß bezogenen Bettchen »wie im Himmel«.

Wie passt das zu Ihrem persönlichen Lebensthema?

Kann es sein, dass auch Sie als Kind aufgrund der Verlassenheit, die Sie erlebten, auf einen einfallsreichen Menschen an Ihrer Seite, einen Bruder oder eine Schwester und auf ein gutes, mütterlich wohlwollendes Schicksal gehofft haben? Vielleicht waren Ihre Eltern wenig liebevoll oder sie haben das kleine Mädchen/den kleinen Jungen viel allein gelassen, nicht genügend mit dem »Brot des Lebens«, das heißt mit Zuwendung und Liebe genährt, so dass es/er sich Trost in der Natur und in aufregenden Phantasien gesucht hat? Oder, im Gegenteil, Vater und Mutter hatten immer etwas auszusetzen an der Tochter/an dem Sohn und haben sie/ihn damit »aus dem Haus gejagt«? Vielleicht hat sich das Kind damals ein liebevolles Geschwister an seiner Seite gewünscht, das ihm hilft, die Härten des Lebens besser zu ertragen.

Welche Konsequenz hat das kleine Mädchen/der kleine Junge, das/der Sie damals gewesen sind, daraus gezogen, bzw. welche Entscheidung hat es/er getroffen? »Ich werde einmal …« – wie geht der Satz für Sie weiter?

Wenn Sie diesen zentralen Satz Ihres Lebensdrehbuchs gefunden haben, auch aufgrund der drei Geschichten, die Sie als Zusammenfassungen schrieben, dann schauen Sie jetzt einmal, ob Sie ihm bisher gefolgt sind und ob Sie ihm weiterhin folgen wollen.

Die so genannte Skriptentscheidung ist für das Kind eine optimale Möglichkeit zur notwendigen Lebensbewältigung. Es fasst den Entschluss ja aus den Gegebenheiten, die es in der Familie vorfindet, in die es hineingeboren wurde. Es hat die Menschen seiner Umgebung bis zu diesem Zeitpunkt gut genug kennen gelernt, um abschätzen zu können, auf welche Art und Weise es größtmögliche Bestätigung und Zuwendung erhält. Denn darauf ist jedes Kind in höchstem Maße angewiesen. Erwachsene brauchen sie natürlich auch, doch in der Kindheit sind Bestätigung und Zuwendung lebensnotwendig.

Insofern ist jede Skriptentscheidung eine kreative, bestmögliche Lösung für das Kind in dem Leben, wie es sich ihm stellt. Erst später merken die Erwachsenen dann oft, dass diese Grundsätze, die das Kind sich damals gegeben hat, heute nicht mehr so recht passen, dass sie das Leben einengen, dass sie eher ein Gefängnis sind, als einen weiten Spielraum für die vielfältigen Lebensmöglichkeiten zu lassen.

Das Bekannte bietet ja Sicherheit, während das Unbekannte erst einmal Angst machen kann. Aus diesem Grund halten dann Menschen manchmal lieber an alten Mustern fest, als sich neuen Erfahrungen zu öffnen.

Im Märchen *Hänsel und Gretel* ist sowohl die Notwendigkeit einer gesunden Realitätsentwicklung wie auch des natürlichen Gefühls für das Wesentliche sehr deutlich beschrieben: *Hänsel und Gretel* müssen den schwierigen Weg gehen, den der Individuationsweg uns vorgibt, d. h. den Weg zum Erwachsenwerden, zur inneren Reife, zur Selbstfindung. Sie werden konfrontiert mit den Schwierigkeiten im Leben. Sie erleben, dass sie einerseits ihrem Schicksal vertrauen können, dass aber andererseits auch eine Portion Misstrauen angebracht ist und dass es sich auf alle Fälle lohnt, kreativ zu sein.

Vielleicht ist Ihnen das ja auch ein Anliegen: sich selbst immer besser kennen zu lernen, zu entdecken, dass alles, was Sie in Ihrem Leben brauchen, um sicher ans Ziel zu gelangen, auch in Ihnen vorhanden ist.

Und es gibt noch einen ganz wichtigen Punkt anzusprechen: Eric Berne warnte immer wieder davor, einem inneren, unbewussten »Dämon« anheim zu fallen, der alles, was man sich so schön aufgebaut hat, zunichte machen könnte. Hier liegt die Gefahr darin, sich allzu sorglos, naiv und vertrauensselig in das Abenteuer Leben hineinzugeben.

Es ist sehr wichtig, immer wieder zu bedenken, dass zwei starke Kräfte den Menschen bestimmen: die in das Leben hineindrängenden und die das Leben wieder verlassen wollenden. Sigmund Freud nannte sie »Lebenstrieb«, »Libido« und »Todestrieb«, »Destrudo«. Mit beiden Kräften sollten wir bewusst umgehen, denn alles, was unbewusst verläuft, entzieht sich unserer Kontrolle und Steuerung. Leider handeln viele Menschen selbst-destruktiv, weil sie sich nicht genügend kennen und sich selbst nicht wirklich mögen. Gerade für sie könnte dieses Märchen eine große Hilfe sein, weil es zeigt, wie das Leben verspielt werden kann, wenn man nicht mit offenen Augen, also bewusst durch das Leben geht.

Im alten Griechenland jedoch verstand man unter dem »Daimon« eine inspirierende Kraft. Hier ist sie symbolisiert im *Einfallsreichtum* der beiden Kinder: Hänsel streckt der Hexe ein dünnes Stöckchen anstelle seines Fingers durch die Stäbe des Stalles und Gretel tut so, als wisse sie nicht, wie man in den Backofen kriecht. Das scheint ein Widerspruch zu sein. Durch diese List gelangen sie zur Freiheit.

Wenn wir in dem Wort »Daimon« aber den »Dämon« sehen, dann bedeutet es zwar die gleiche Kraft, doch eine, die zerstörerisch wirkt. In diesem Märchen ist sie symbolisiert im süßen, essbaren Haus, das die Kinder glauben lässt, sie seien »im Himmel« gelandet. Anders gesagt: Die größte Stärke, die wir haben, kann zur größten Schwäche werden, und wenn wir meinen, irgendwo eine Schwäche zu spüren, kann insgeheim gerade in ihr eine große Kraft liegen. Das heißt: Uns allen steht ein starker seelischer Energiestrom zur Verfügung, doch müssen wir darauf achten, wie und in welcher Art und Weise wir ihn für uns in Anspruch nehmen, damit er uns dient. *Hänsel und Gretel* nehmen bereitwillig das Ausgesetztwerden an. So finden sie sowohl zur Realität als auch zur Freiheit. Wir können mit dieser Energie, der Libido, viel Gutes für uns und andere tun, wir können darauf achten, dass sie unser Leben bereichert und nicht schmälert. So werden wir mit ihrer Hilfe letztendlich zum »Gewinner«. Für das eigene Leben heißt gewinnen: sich ganz individuell, ganz einzigartig, als die und der sie und er gemeint ist, zu entwickeln, alles, was an Begabungen angelegt ist, herauszuholen, zu fördern und schließlich mit sich selbst und der Welt in Einklang und Frieden zu sein.

Um dies zu erreichen, lohnt es sich bestimmt, das Thema und das »Drehbuch« des eigenen Lebens kennen zu lernen, sich also dazu die Geschichten anzuschauen, die uns auf unserem bisherigen Lebensweg begleitet haben.

Ich wünsche Ihnen für diese spannende Suche viel Neugierde und viel Freude.

Ursula Eschenbach

Wie verstoßene Kinder über sich selbst hinauswachsen

Hänsel und Gretel

Vor einem großen Walde wohnte ein armer Holzhacker mit seiner Frau und seinen zwei Kindern; das Bübchen hieß Hänsel und das Mädchen Gretel. Er hatte wenig zu beißen und zu brechen, und einmal, als große Teuerung ins Land kam, konnte er auch das tägliche Brot nicht mehr schaffen. Wie er sich nun abends im Bette Gedanken machte und sich vor Sorgen herumwälzte, seufzte er und sprach zu seiner Frau: »Was soll aus uns werden? Wie können wir unsere armen Kinder ernähren, da wir für uns selbst nichts mehr haben?« – »Weißt du was, Mann«, antwortete die Frau, »wir wollen morgen in aller Frühe die Kinder hinaus in den Wald führen, wo er am dicksten ist: da machen wir ihnen ein Feuer an und geben jedem noch ein Stückchen Brot, dann gehen wir an unsere Arbeit und lassen sie allein. Sie finden den Weg nicht wieder nach Haus, und wir sind sie los.« – »Nein, Frau«, sagte der Mann, »das tue ich nicht; wie sollt ich's übers Herz bringen, meine Kinder im Walde allein zu lassen; die wilden Tiere würden bald kommen und sie zerreißen.« – »O du Narr«, sagte sie, »dann müssen wir alle viere Hungers sterben, du kannst nur die Bretter für die Särge hobeln«, und ließ ihm keine Ruhe, bis er einwilligte. »Aber die armen Kinder dauern mich doch«, sagte der Mann.

Die zwei Kinder hatten vor Hunger auch nicht einschlafen können und hatten gehört, was die Stiefmutter zum Vater gesagt hatte. Gretel weinte bittere Tränen und sprach zu Hänsel: »Nun ist's um uns geschehen.« – »Still, Gretel«, sprach Hänsel, »gräme dich nicht, ich will uns schon helfen.« Und als die Alten eingeschlafen waren, stand er auf, zog sein Röcklein an, machte die Untertüre auf und schlich sich hinaus. Da schien der Mond ganz helle, und die weißen Kieselsteine, die vor dem Haus lagen, glänzten wie lauter Batzen. Hänsel bückte sich und steckte so viel in sein Rocktäschlein, als nur hinein wollten. Dann ging er wieder zurück, sprach zu Gretel: »Sei getrost, liebes Schwesterchen, und schlaf nur ruhig ein, Gott wird uns nicht verlassen«, und legte sich wieder in sein Bett.

Als der Tag anbrach, noch ehe die Sonne aufgegangen war, kam schon die Frau und weckte die beiden Kinder: »Steht auf, ihr Faulenzer, wir wollen in den Wald gehen und Holz holen.« Dann gab sie jedem ein Stückchen Brot und sprach: »Da habt ihr etwas für den Mittag, aber esst's nicht vorher auf, weiter kriegt ihr nichts.« Gretel nahm das Brot unter die Schürze, weil Hänsel die Steine in der Tasche hatte. Danach machten sie sich alle zusammen auf den Weg nach dem Wald. Als sie ein Weilchen gegangen waren, stand Hänsel still und guckte nach dem Haus zurück und tat das wieder und immer wieder. Der Vater sprach: »Hänsel, was guckst du da und bleibst zurück, hab acht und vergiss deine Beine nicht.« – »Ach, Vater«, sagte Hänsel, »ich sehe nach meinem weißen Kätzchen, das sitzt oben auf dem Dach und will mir Ade sagen.« Die Frau sprach: »Narr, das ist dein Kätzchen nicht, das ist die Morgensonne, die auf den Schornstein scheint.« Hänsel aber hatte nicht nach dem Kätzchen gesehen, sondern immer einen von den blanken Kieselsteinen aus seiner Tasche auf den Weg geworfen.

Als sie mitten in den Wald gekommen waren, sprach der Vater: »Nun sammelt Holz, ihr Kinder, ich will ein Feuer anmachen, damit ihr nicht friert.« Hänsel und Gretel trugen Reisig zusammen, einen kleinen Berg hoch. Das Reisig ward angezündet, und als die Flamme recht hoch brannte, sagte die Frau: »Nun legt euch ans Feuer, ihr Kinder, und ruht euch aus, wir gehen in den Wald und hauen Holz. Wenn wir fertig sind, kommen wir wieder und holen euch ab.«

Hänsel und Gretel saßen am Feuer, und als der Mittag kam, aß jedes ein Stücklein Brot. Und weil sie die Schläge der Holzaxt hörten, so glaubten sie, ihr Vater wäre in der Nähe. Es war aber nicht die Holzaxt, es war ein Ast, den er an einen dürren Baum gebunden hatte und den der Wind hin und her schlug. Und als sie so lange gesessen hatten, fielen ihnen die Augen vor Müdigkeit zu, und sie schliefen fest ein. Als sie endlich erwachten, war es schon Nacht. Gretel fing an zu weinen und sprach: »Wie sollen wir nun aus dem Wald kommen!« Hänsel aber tröstete sie: »Wart nur ein Weilchen, bis der Mond aufgegangen ist, dann wollen wir den Weg schon finden.« Und als der volle Mond aufgestiegen war, so nahm Hänsel sein Schwesterchen an der Hand und ging den Kieselsteinen nach, die schimmerten wie neugeschlagene Batzen und zeigten ihnen den Weg. Sie gingen die ganze Nacht hindurch und kamen bei anbrechendem Tag wieder zu ihres Vaters Haus. Sie klopften an die Tür, und als die Frau aufmachte und sah, dass es Hänsel und Gretel war, sprach sie: »Ihr bösen Kinder, was habt ihr so lange im Wald geschlafen; wir haben geglaubt, ihr wolltet gar nicht wiederkommen.« Der Vater aber freute sich, denn es war ihm zu Herzen gegangen, dass er sie so allein zurückgelassen hatte.

Nicht lange danach war wieder Not in allen Ecken, und die Kinder hörten, wie die Mutter nachts im Bett zu dem Vater sprach: »Alles ist wieder aufgezehrt, wir haben noch einen halben Laib Brot, hernach hat das Lied ein Ende. Die Kinder müssen fort, wir wollen sie tiefer in den Wald hineinführen, damit sie den Weg nicht wieder heraus finden; es ist sonst keine Rettung für uns.« Dem Mann fiel's schwer aufs Herz, und er dachte: Es wäre besser, dass du den letzten Bissen mit deinen Kindern teiltest. Aber die Frau hörte auf nichts, was er sagte, schalt ihn und machte ihm Vorwürfe. Wer A sagt, muss auch B sagen, und weil er das erstemal nachgegeben hatte, so musste er es auch zum zweitenmal.

Die Kinder waren aber noch wach gewesen und hatten das Gespräch mit angehört. Als die Alten schliefen, stand Hänsel wieder auf, wollte hinaus und Kieselsteine auflesen wie das vorige Mal, aber die Frau hatte die Tür verschlossen, und Hänsel konnte nicht heraus. Aber er tröstete sein Schwesterchen und sprach: »Weine nicht, Gretel, und schlaf nur ruhig, der liebe Gott wird uns schon helfen.«

Am frühen Morgen kam die Frau und holte die Kinder aus dem Bette. Sie erhielten ihr Stückchen Brot, das war aber noch kleiner als das vorige Mal. Auf dem Wege nach dem Wald bröckelte es Hänsel in der Tasche, stand oft still und warf ein Bröcklein auf die Erde. »Hänsel, was stehst du und guckst dich um«, sagte der Vater, »geh deiner Wege.« – »Ich sehe nach meinem Täubchen, das sitzt auf dem Dache und will mir Ade sagen«, antwortete Hänsel. »Narr«, sagte die Frau, »das ist dein Täubchen nicht, das ist die Morgensonne, die auf den Schornstein oben scheint.« Hänsel aber warf nach und nach alle Bröcklein auf den Weg.

Die Frau führte die Kinder noch tiefer in den Wald, wo sie ihr Lebtag noch nicht gewesen waren. Da ward wieder ein großes Feuer angemacht, und die Mutter sagte: »Bleibt nur da sitzen, ihr Kinder, und wenn ihr müde seid, könnt ihr ein wenig schlafen: wir gehen in den Wald und hauen Holz, und abends, wenn wir fertig sind, kommen wir und holen euch ab.« Als es Mittag war, teilte Gretel ihr Brot mit Hänsel, der sein Stückchen auf den Weg gestreut hatte. Dann schliefen sie ein, und der Abend verging, aber niemand kam zu den armen Kindern. Sie erwachten erst in der finsteren Nacht, und Hänsel tröstete sein Schwesterchen und sagte: »Wart nur, Gretel, bis der Mond aufgeht, dann werden wir die Brotbröcklein sehen, die ich ausgestreut habe, die zeigen uns den Weg nach Haus.« Als der Mond kam, machten sie sich auf, aber sie fanden kein Bröcklein mehr, denn die viel tausend Vögel, die im Walde und im Felde umherfliegen, die hatten sie weggepickt. Hänsel sagte zu Gretel: »Wir werden den Weg schon finden«, aber sie fanden ihn nicht. Sie gingen die ganze Nacht und noch einen Tag von Morgen bis Abend, aber sie kamen aus dem Wald nicht heraus und waren so hungrig, denn sie hatten nichts als die paar Beeren, die auf der Erde standen. Und weil sie so müde waren, dass die Beine sie nicht mehr tragen wollten, so legten sie sich unter einen Baum und schliefen ein.

Nun war's schon der dritte Morgen, dass sie ihres Vaters Haus verlassen hatten. Sie fingen wieder an zu gehen, aber sie gerieten immer tiefer in den Wald, und wenn nicht bald Hilfe kam, so mussten sie verschmachten. Als es Mittag war, sahen sie ein schönes schneeweißes Vöglein auf einem Ast sitzen, das sang so schön, dass sie stehen blieben und ihm zuhörten. Und als es fertig war, schwang es seine Flügel und flog vor ihnen her, und sie gingen ihm nach, bis sie zu einem Häuschen gelangten, auf dessen Dach es sich setzte. Als sie ganz nah herankamen, so sahen sie, dass das Häuslein aus Brot gebaut war und mit Kuchen gedeckt; aber die Fenster waren von hellem Zucker. »Da wollen wir uns dranmachen«, sprach Hänsel, »und eine gesegnete Mahlzeit halten. Ich will ein Stück vom Dach essen, Gretel, du kannst vom Fenster essen, das schmeckt süß.« Hänsel reichte in die Höhe und brach sich ein wenig vom Dach ab, um zu versuchen, wie es schmeckte, und Gretel stellte sich an die Scheiben und knusperte daran. Da rief eine feine Stimme aus der Stube heraus:

»Knusper, knusper, kneischen,
Wer knuspert an meinem Häuschen?«

Die Kinder antworteten:

»Der Wind, der Wind,
das himmlische Kind«,

und aßen weiter, ohne sich irre machen zu lassen. Hänsel, dem das Dach sehr gut schmeckte, riss sich ein großes Stück davon herunter, und Gretel stieß eine ganze runde Fensterscheibe heraus, setzte sich nieder und tat sich wohl damit. Da ging auf einmal die Türe auf, und eine steinalte Frau, die sich auf eine Krücke stützte, kam herausgeschlichen. Hänsel und Gretel erschraken so gewaltig, dass sie fallen ließen, was sie in den Händen hielten. Die Alte aber wackelte mit dem Kopfe und sprach: »Ei, ihr lieben Kinder, wer hat euch hierher gebracht? Kommt nur herein und bleibt bei mir, es geschieht euch kein Leid.« Sie fasste beide an der Hand und führte sie in ihr Häuschen. Da ward gutes Essen aufgetragen, Milch und Pfannekuchen mit Zucker, Äpfel und Nüsse. Hernach wurden zwei schöne Bettlein weiß gedeckt, und Hänsel und Gretel legten sich hinein und meinten, sie wären im Himmel.

Die Alte hatte sich nur so freundlich angestellt, sie war aber eine böse Hexe, die den Kindern auflauerte, und hatte das Brothäuslein bloß gebaut, um sie herbeizulocken. Wenn eins in ihre Gewalt kam, so machte sie es tot, kochte es und aß es, und das war ihr ein Festtag. Die Hexen haben rote Augen und können nicht weit sehen, aber sie haben eine feine Witterung wie die Tiere und merken's, wenn Menschen herankommen. Als Hänsel und Gretel in ihre Nähe kamen, da lachte sie boshaft und sprach höhnisch. »Die habe ich, die sollen mir nicht wieder entwischen.« Frühmorgens, ehe die Kinder erwacht waren, stand sie schon auf, und als sie beide lieblich ruhen sah, mit den vollen roten Backen, so murmelte sie vor sich hin: »Das wird ein guter Bissen werden.« Da packte sie Hänsel mit ihrer dürren Hand und trug ihn in einen kleinen Stall und sperrte ihn mit einer Gittertüre ein; er mochte schreien, wie er wollte, es half ihm nichts. Dann ging sie zur Gretel, rüttelte sie wach und rief: »Steh auf, Faulenzerin, trag Wasser und koch deinem Bruder etwas Gutes, der sitzt draußen im Stall und soll fett werden. Wenn er fett ist, so will ich ihn essen.« Gretel fing an, bitterlich zu weinen, aber es war alles vergeblich, sie musste tun, was die böse Hexe verlangte.

Nun ward dem armen Hänsel das beste Essen gekocht, aber Gretel bekam nichts als Krebsschalen. Jeden Morgen schlich die Alte zu dem Ställchen und rief: »Hänsel, streck deine Finger heraus, damit ich fühle, ob du bald fett bist.« Hänsel streckte ihr aber ein Knöchlein heraus, und die Alte, die trübe Augen hatte, konnte es nicht sehen und meinte, es wären Hänsels Finger, und wunderte sich, dass er gar nicht fett werden wollte. Als vier Wochen herum waren und Hänsel immer mager blieb, da überkam sie die Ungeduld, und sie wollte nicht länger warten. »Heda, Gretel«, rief sie dem Mädchen zu, »sei flink und trag Wasser: Hänsel mag fett oder mager sein, morgen will ich ihn schlachten und kochen.« Ach, wie jammerte das arme Schwesterchen, als es das Wasser tragen musste, und wie flossen ihm die Tränen über die Backen herunter! »Lieber Gott, hilf uns doch«, rief sie aus, »hätten uns nur die wilden Tiere im Wald gefressen, so wären wir doch zusammen gestorben.« – »Spar nur dein Geplärre«, sagte die Alte, »es hilft dir alles nichts.«

Frühmorgens musste Gretel heraus, den Kessel mit Wasser aufhängen und Feuer anzünden. »Erst wollen wir backen«, sagte die Alte, »ich habe den Backofen schon eingeheizt und den Teig geknetet.« Sie stieß die arme Gre-

tel hinaus zu dem Backofen, aus dem die Feuerflammen schon herausschlugen. »Kriech hinein«, sagte die Hexe, »und sieh zu, ob recht eingeheizt ist, damit wir das Brot hineinschieben können.« Und wenn Gretel darin war, wollte sie den Ofen zumachen, und Gretel sollte darin braten, und dann wollte sie's auch aufessen. Aber Gretel merkte, was sie im Sinn hatte, und sprach: »Ich weiß nicht, wie ich's machen soll; wie komm ich da hinein?« – »Dumme Gans«, sagte die Alte, »die Öffnung ist groß genug, siehst du wohl, ich könnte selbst hinein«, krabbelte heran und steckte den Kopf in den Backofen. Da gab ihr Gretel einen Stoß, dass sie weit hineinfuhr, machte die eiserne Tür zu und schob den Riegel vor. Hu! da fing sie an zu heulen, ganz grauselig; aber Gretel lief fort, und die gottlose Hexe musste elendiglich verbrennen.

Gretel aber lief schnurstracks zum Hänsel, öffnete sein Ställchen und rief: »Hänsel, wir sind erlöst, die alte Hexe ist tot!« Da sprang Hänsel heraus wie ein Vogel aus dem Käfig, wenn ihm die Türe aufgemacht wird. Wie haben sie sich gefreut, sind sich um den Hals gefallen, sind herumgesprungen und haben sich geküsst! Und weil sie sich nicht mehr zu fürchten brauchten, so gingen sie in das Haus der Hexe hinein, da standen in allen Ecken Kasten mit Perlen und Edelsteinen. »Die sind noch besser als Kieselsteine«, sagte Hänsel und steckte in seine Taschen, was hinein wollte, und Gretel sagte: »Ich will auch etwas mit nach Haus bringen«, und füllte sich sein Schürzchen voll. »Aber jetzt wollen wir fort«, sagte Hänsel, »damit wir aus dem Hexenwald herauskommen.« Als sie aber ein paar Stunden gegangen waren, gelangten sie an ein großes Wasser. »Wir können nicht hinüber«, sprach Hänsel, »ich seh keinen Steg und keine Brücke.« – »Hier fährt auch kein Schiffchen«, antwortete Gretel, »aber da schwimmt eine weiße Ente; wenn ich die bitte, so hilft sie uns hinüber.« Da rief sie:

»Entchen, Entchen,
Da steht Gretel und Hänsel.
Kein Steg und keine Brücke,
Nimm uns auf deinen weißen Rücken.«

Das Entchen kam auch heran, und Hänsel setzte sich auf und bat sein Schwesterchen, sich zu ihm zu setzen. »Nein«, antwortete Gretel, »es wird dem Entchen zu schwer, es soll uns nacheinander hinüberbringen.« Das tat das gute Tierchen, und als sie glücklich drüben waren und ein Weilchen fortgingen, da kam ihnen der Wald immer bekannter und immer bekannter vor, und endlich erblickten sie von weitem ihres Vaters Haus. Da fingen sie an zu laufen, stürzten in die Stube hinein und fielen ihrem Vater um den Hals. Der Mann hatte keine frohe Stunde gehabt, seitdem er die Kinder im Walde gelassen hatte, die Frau aber war gestorben. Gretel schüttelte sein Schürzchen aus, dass die Perlen und Edelsteine in der Stube herumsprangen, und Hänsel warf eine Handvoll nach der anderen aus seiner Tasche dazu. Da hatten alle Sorgen ein Ende, und sie lebten in lauter Freude zusammen.

Mein Märchen ist aus, dort lauft eine Maus, wer sie fängt, darf sich eine große große Pelzkappe daraus machen.

Märchen – geheime Lehrmeister

Die Märchen der Völker sind wie wunderbare, bunte Teppiche, deren tausendfache Knoten aus den Ur-Bildern und Traumphantasien der menschlichen Seele geknüpft zu sein scheinen. Götter und Feen, Zauberer und Hexen, Tiere und Teufel, Riesen und Zwerge weben am Schicksal des Einzelnen und des Ganzen. Früher war das Wort die Brücke zwischen Bild und Erkennen, und noch heute horchen Kinder auf das Wort und verbinden oft überraschend genau das aus dem Bild entstehende Wort mit dem dynamischen Inhalt des Bildes. Kinder können zu jedem Ding sprechen und erhalten in sonderbar tiefer Weise auch Antworten.

Wer Kinder hat oder mit Kindern lebt, für den hört die Welt des Märchens nie auf. Kinder leben immer in ihrem Anfang und damit in einer Welt ihrer eigenen Vorstellungen, die sie nach ihren eigenen Gesetzen ordnen. Sie bewegen sich unabhängig von Zeit und Raum, und das »*Es war einmal*...« kann ebenso gut gestern, heute oder morgen gewesen sein oder aus der Ur-Schicht des tiefen Menschheitswissens stammen, das angeboren und verborgen in jeder Kinderseele ruht.

Im allgemeinen und von der Schule her haben wir vor allem nach logischen Konzepten denken gelernt. In den Märchen aber begegnen wir dem Bild und kommen damit in eine Welt, die aus Symbolen besteht. Diese erfordern eine ganz andere Art des Denkens, das man als intuitives oder eben symbolisches Denken bezeichnen könnte. Symbole sind der Ausdruck seelischer Kräfte, die es jedem ermöglichen, sein Schicksal mit den eigenen schöpferischen Energien zu gestalten. König und Prinz, aber auch Riese, Räuber und Maus bin ich selbst, ebenso wie Königin, Prinzessin, Hexe, Fee oder Pferd. Irgendwie geht es in den Märchen um die Wahrheit, die jeder in sich entdecken muss und die ans Licht kommt, wenn man zu sich selber gefunden hat. Viele Märchen haben das gleiche Grundthema: Am Anfang steht Armut, jemand macht sich auf den Weg – das ist man immer selber und das ist immer der Gefahrenweg in eine neue Welt. Es gilt etwas zu bestehen. Hassgefühle, Neid, Missgunst und Bosheit sind Begleiter, und man erkennt sie als die eigenen Schattenseiten. Und irgendwann begegnet man dem Schatz des Lebens und findet damit sich selbst.

Aber auch das Kind und damit das ewige Jung-sein-Können in jedem erwachsenen Menschen hat Zugang zu den Märchen der eigenen Seele – nachts, im Traum –, wenn die allgemein gültigen Symbole für die Lebenswege des Einzelnen sich in die Traumbilder mischen: die Geburt und der Tod, der Abschied und das Wiedersehen, die Kargheit und der Reichtum, die Liebe und der Hass, die Dummheit und die Klugheit – und die Dunkelchiffren von Hexen, Zauberern und bösen Geistern und anderen verwandelnden Kräften. Oft erscheinen die Märchen wie Lebensbereiche, in denen schwere Leiden überwunden und ertragen werden müssen, damit ein bestimmtes Ziel erreicht werden kann. Und wenn man sie mit dem Herzen und mit dem inneren Wunsch nach Erkenntnis oder auch nach Hilfe liest, ereignet sich sonderbarerweise manchmal eine »wunderbare Gleichzeitigkeit«: Das für viele gültige und in vielen Themen sogar weltweit übereinstimmende Märchen wird auf einmal aktuell, ganz persönlich, könnte mich selber meinen und verbindet sich mit meiner eigenen Lebenssituation. Ein Märchen kann dann transparent werden wie ein erleuchtetes Fenster in der Dunkelheit: Man sieht ein Geschehen, das sich wie ein Teil des eigenen Lebens abspielt. Hieraus kann sich ein besonderer Bezug zu den Märchen ganz allgemein entwickeln, aber es kann auch zu einer meist unbewussten Zuneigung zu einem bestimmten Märchen kommen, in dem etwas vom eigenen Leben symbolisch enthalten ist.

Die Märchen haben eine lange Geschichte, und sie waren wohl schon immer so etwas wie geheime Lehrmeister. Sie wurden abends erzählt und mischten sich von jeher in die Träume. Gerade »Hänsel und Gretel« ist eines, das seine Aktualität nie verloren hat. Es ist mir schon viele Male im Dialog mit Kindern, Jugendlichen und Erwachsenen begegnet, so wie auch Rotkäppchen, Aschenputtel und Schneewittchen. Beinahe jeder Mensch kennt es, und zahllose Variationen ranken sich um die sonderbare Wortkargheit gerade dieser Erzählung: Der Vater ist arm, die Mutter ist böse, die Kinder haben Angst, und die Hexe wird getötet. Das sind die elementarsten Probleme.

So war es auch einmal an einem ersten Advent, einem Tag, an dem es manchmal gelingt, aus der drängenden Zeit, die unerbittlich weiterläuft, herauszutreten in ein namenloses Irgendwann, das nahe oder fern sein könnte. Es war so wie in dem Moment im Theater, in dem Stille eintritt, wenn der Vorhang sich öffnet und das Licht nur noch die Bühne beleuchtet, und es war auch so, als ob der erste Akt zu einer Familie führte, so wie auch Hänsel und Gretel in einer Familie lebten …

Es war einmal an einem ersten Advent …

Das obligate Pfefferkuchenhäuschen war jubelnd begrüßt worden und stand auf der Kaffeetafel. Auf seinem Dach lagen Schokoladeplätzchen, und der Boden war ein großer Pfefferkuchen mit Mandeln und Zuckerglasur. Eine Kerze brannte und ließ die erwartungsvollen Kinderaugen besonders leuchten. Auch die Erwachsenen, Mutter Ingeborg und Vater Christian und sogar der Gast Robert, schienen hübscher zu werden im warmen, weichen Schimmer der sich bewegenden Kerzenflamme. Auf die Frage, wer denn anfangen dürfe, vom Haus zu knabbern, riefen alle drei Kinder gleichzeitig: »Iiich …!« Alle lachten. Unerwartet tauchte plötzlich die Frage auf, wer denn die Geschichte von diesem Häuschen kenne. Darauf wurde es zunächst ganz still, jeder suchte wohl für sich nach der Erinnerung an das Märchen, das in jedem Jahr die Weihnachtsbäckerei mit allen seinen uralten Bildern anregt – und die Kassen klingeln lässt: »Hänsel und Gretel«, und an die Hexe mit Kopftuch und Knotenstock, mit gebogener Nase und krummem Rücken.

Johannes Nikolaus – er ließ sich nur Klaus rufen – war der Erste, der sagte: »Ach, das ist doch diese alberne Hexengeschichte für kleine Kinder.« Er wurde dabei ein wenig rot und fummelte an der Tischdecke, aber er fragte nicht, ob er jetzt als Erster knuspern dürfe. Mit seinen elf Jahren war er ein bemerkenswert hübsches Kind, kräftig und groß für sein Alter, lebhaft und eigenwillig mit der hinter bubenhafter Aggressivität verborgenen Sensibilität des begabten Kindes. Sein ehemals goldblonder Lockenkopf hatte reiche

Kupfertöne angenommen und sah immer so aus, als würde er nur mit den Fingern gekämmt. Seine hellbraunen Augen konnten sehr beharrlich fixieren und signalisierten zunehmend deutlicher den Schwellenabschied aus dem Kinderland. Nur die sehr vollen und roten Lippen zeigten noch die weichen Konturen kindlicher »Süße«. Man konnte es spüren: Er war ein geliebter Sohn, der Mutterwärme und Vaterstolz als unbewusstes Wissen in seiner Seele trug.

Ich musste bei den Worten von Johannes Nikolaus an einen anderen kleinen Jungen denken, Michael, der mit seinen zwölf Jahren schon die ersten Zeichen der Pubertät merken ließ. Das ist ja recht häufig das Alter, in dem sich die Kinder von der Märchenwelt abwenden, weil sie sich albern vorkommen, dem Unheimlichen Realitätswert zuzuerkennen. Dieser Junge aber war ein vom Schicksal recht schwer bedrängtes Kind. Seine Eltern wollten gar keine Kinder. Als er sich trotzdem anmeldete, wurde er zwar angenommen und auch ausgetragen, aber sowohl der Vater als auch die Mutter konnten keine kontinuierliche Beziehung zu ihm herstellen. Das Kind war seelisch ein Alleingelassener und musste sich sozusagen unter fremden Bäumen entwickeln.

Er erzählte mir eine Variation des Märchens, die wohl die kürzeste, aber auch die erschütterndste war, die ich bisher gehört hatte: »Ja«, sagte er, »die hatten einen Schatz vergraben im Wald, und dann gingen die Eltern mit ihm in den Wald und gruben ihn wieder aus.« Alles! Nicht mehr als dieser tiefe Herzenswunsch, als Schatz, als endlich Gefundener und Ausgegrabener, zu Hause angenommen zu werden. Der Reichtum zu sein für den Vater und die Mutter, von ihnen geholt und abgeholt zu werden aus seiner Kindereinsamkeit.

Es war schon bezeichnend, dass Johannes Nikolaus gerade die Hexe aus seiner Erinnerung hervorholte und seine vielleicht sehr geheime Angst, in den großen Schoß matriarchaler Mächte und Kräfte zurückgesogen zu werden, mit der Entwertung »albern« – »Kleinkinderkram« sagte er später noch dazu – von sich weisen musste. Dadurch wurde für ihn das Unheimliche, das er und mancher andere nicht versteht, aber geheim fürchtet, wirksam banalisiert.

Die siebenjährige Sophia meinte: »Albern ist das nicht, ich glaube, dass es Hexen gibt, die böse sind und ...« Sie fing plötzlich an zu weinen, »die sollen aber nicht gefressen werden, und ich will auch keinen Pfefferkuchen von der Hexe.« Sie sah zur Mutter hin, die ihre Tochter, ohne etwas zu sagen, zu sich holte und auf ihren Schoß setzte. Sophia schien das sehr zu gefallen, sie schmuste ihren Kopf an die Mutter und nahm den Finger in den Mund. Das hatte sie wohl selber gar nicht gemerkt, erst auf ein etwas verächtliches »Ph« des Bruders versteckte sie schnell die verräterische Hand.

Neben dem deutlich sach- und dingbezogenen Bruder wirkte Sophia eher abwartend und beobachtend. Sie war sehr zierlich und hatte eine eigentümliche Grazie in allen Bewegungen. Ihr ganzes Wesen schien geprägt zu sein von Behutsamkeit und Sanftmut, als hätte ein Schmetterling an ihrer Wiege Pate gestanden. Dennoch zeigte gerade sie erstaunliche Ich-Leistungen, wenn es galt, mit Mut *und* Angst eine Schwierigkeit zu überwinden. Sie war das »verlässliche« Kind, dem mütterliche Kraft schon der Puppe gegenüber zur Verfügung stand. »Man muss aufpassen, dass sie nicht ausgenutzt wird«, hatte Mutter Ingeborg schon mehrfach von ihr gesagt.

Der Winzling in der Familie, die fünfjährige Jasmine, fühlte spontan das etwas betroffene Schweigen der Erwachsenen, die sich nun wirklich wie ein Publikum in einem Theater verhielten. Es war ja auch eine wunderschöne Szene, die nun folgte. Jasmine sprach ihre Rolle ohne jedes Zögern: »... die gehen in den Wald, finden die Hexe, und dann wird die Gretel befreit, und die Stiefmutter ist gestorben, und sie rennen nach Hause.« Niemand wagte, den kleinen und doch so wichtigen Irrtum zu verbessern. Sogar Johannes Nikolaus hielt sich im Zaum, oder wusste er gar nicht mehr, dass es Hänsel war, der mit Hilfe der Gretel aus einem Stall befreit wurde? Welche Gefangenschaft rief da nach Befreiung bei der kleinen Jasmine? Als Jüngste war sie ja Nesthäkchen und hatte noch Spielraum zur Verfügung. Wurde ihr Kinderparadies jetzt zu eng?

Jasmine hatte nicht nur den beinahe unwiderstehlichen Charme ihres Alters. Sie war von einer überschäumenden Lebenskraft, Unbeschwertheit und fast nie zu befriedigender Neugier. Sie war ein Naturkind, drall und fest wie ein reifer Apfel mit großen, dunkel leuchtenden Augen und einem Kopf voll brauner Locken. Sie fror nie, lief am liebsten immer barfuß, schwamm wie ein Fisch und sang wie ein Vogel: für die Eltern ein Gottesgeschenk, das auch erhebliche Durchhaltekräfte erforderte.

Sie war die dritte im Geschwisterkreis, und manchmal schien es, als könnte sie es schon wissen. Wettlauf, Rivalität, Eifersucht und Streit waren – wie in jeder dieser Frühestgruppen – ständige Begleiter auch bei Johannes Nikolaus, Sophia und Jasmine. Sie sorgten für Aufregung, Lärm, Ärger, Tränen und Kinderdramen. Auch in der Ehe! Und sie sorgten dafür, dass die Eltern merkten, dass sie Kinder haben, die vor ihnen herlaufen, um das Erbe weiterzutragen, das die Ahnenkette in ihnen entbunden hat.

Es war nun keine Frage mehr, wer anfangen durfte, und ausnahmsweise war auch keiner gekränkt oder fühlte sich zurückgesetzt. Nur der Vater konnte sich die Frage nicht verkneifen: »Und was war mit dem Vater?« Jasmine, die jetzt auf seinem Schoß saß, antwortete: »Nichts ...« und sah ihn strahlend dabei an.

Als die Kinder im Bett waren und die Kerzenflamme sich im dunklen Rot des Weines spiegelte, fragte der Vater: »Was heißt das: ›nichts‹?« Robert, der Dauergast bei den Abendgesprächen, hatte seine Brille abgenommen und putzte sie gründlich. Vorübergehend waren seine überraschend hellblauen Augen sichtbar geworden, aber schnell wieder hinter den gesenkten Lidern verschwunden. »Nichts ist alles«, sagte er langsam und bedächtig, aber ehe er fortfahren konnte, unterbrach der Vater ihn und meinte: »Ach, lass mich jetzt mit deinen philosophischen Klugschnackereien in Frieden. Das Kind sagte etwas Wichtiges, aber ich weiß nicht, was es bedeutet.« Robert verstummte sofort. Er studierte Germanistik, er war ein wenig wie Rumpelstilzchen, so als wollte er immer sagen, »ach wie gut, dass niemand weiß, dass ich Rumpelstilzchen heiß«. Er war klug, fleißig und eigentlich sehr unaufdringlich. Er kam, weil er sich wohl fühlte bei diesen Freunden, und vielleicht auch, weil er ein bisschen Familienwärme suchte, die er schon sehr lange vermisste. Seine Eltern lebten nicht mehr, und seine Verwandtschaft war sehr verstreut und irgendwo. Alle mochten ihn. Eigentlich hatte er wohl sagen wollen, dass Jasmine unbewusst zum Vater sagen wollte: »Du bist ja alles.«

»Du fragst, aber was meinst denn du selbst?« fragte Ingeborg, und irgendwo war ein geheimes Lächeln in ihrem Gesicht.

Aber der Vater fand keine schnelle Antwort, er grübelte: »... bin ich für sie ein Nichts, oder hat sie zu wenig von mir? Wie war das eigentlich in dem Märchen? An den Vater kann ich mich gar nicht mehr erinnern.«

»Ja«, kam es nun doch mit zwar leisem, aber aggressivem Unterton von Ingeborg. »Im Grunde hast du wenig Zeit für die Kinder. Eigentlich schiebst du sie immer an mich ab, auch wenn du abends nach Hause kommst. Sicher magst du sie, und du meinst auch, dass du alles für sie tust. Aber du tust sehr viel außen, wovon die Kinder nichts merken. Sehr oft, wenn die Kinder dich brauchen, hast du keine Lust oder keine Zeit, oder willst etwas für dich tun. Ich kann das ›nichts‹ von Jasmine schon verstehen.«

Es war nicht gut, dass das jetzt gesagt wurde, es war die alte Schiene, die nur allzu gut bekannt war, ein etwas vertrockneter Weg, auf den das kleine Mädchen einige wenige Seelentropfen hatte fallen lassen. Es wäre besser gewesen, den Vater im Raum des Schweigens mit dem »nichts« allein zu lassen.

»Habt ihr denn Grimms Märchen?« fragte Robert wie ein Friedensengel. »Im ersten Band Nummer 15«, fügte er noch gebildet hinzu. Als die beiden hübsch bebilderten Bände auf dem Tisch lagen, griff der Vater nach dem ersten Band und erhob sich. »Gute Nacht und gute Träume«, sagte er. Die Mutter erhob sich ebenfalls und meinte: »Aber du liest es mir vor…«

Das »Nichts« eines Kindes hatte einen geheimen Vorhang geöffnet.

Vor einem großen Walde

Vor einem großen Walde wohnte ein armer Holzhacker mit seiner Frau und seinen zwei Kindern; das Bübchen hieß Hänsel und das Mädchen Gretel. Er hatte wenig zu beißen und zu brechen, und einmal, als große Teuerung ins Land kam, konnte er auch das tägliche Brot nicht mehr schaffen. Wie er sich nun abends im Bette Gedanken machte und sich vor Sorgen herumwälzte, seufzte er und sprach zu seiner Frau: »Was soll aus uns werden? Wie können wir unsere armen Kinder ernähren, da wir für uns selbst nichts mehr haben?« – »Weißt du was, Mann«, antwortete die Frau, »wir wollen morgen in aller Frühe die Kinder hinaus in den Wald führen, wo er am dicksten ist: da machen wir ihnen ein Feuer an und geben jedem noch ein Stückchen Brot, dann gehen wir an unsere Arbeit und lassen sie allein. Sie finden den Weg nicht wieder nach Haus, und wir sind sie los.« – »Nein, Frau«, sagte der Mann, »das tue ich nicht; wie sollt ich's übers Herz bringen, meine Kinder im Walde allein zu lassen; die wilden Tiere würden bald kommen und sie zerreißen.« – »O du Narr«, sagte sie, »dann müssen wir alle viere Hungers sterben, du kannst nur die Bretter für die Särge hobeln«, und ließ ihm keine Ruhe, bis er einwilligte. »Aber die armen Kinder dauern mich doch«, sagte der Mann.

Man kann sich schon einfühlen in diesen Vater, der, von so bitteren Gedanken gequält, im Dunkel der Nacht, aber mehr noch in der Dunkelheit seiner Seele keinen Schlaf finden kann, sondern immer tiefer in eine Depression versinkt. Es sind ganz typische Erscheinungen, die jeder Arzt kennt, jede Ehefrau fürchtet, jeden Psychotherapeuten zum Wegbegleiter machen: Müdigkeit, Erschöpfung, Willensschwäche, Lustlosigkeit, Antriebslosigkeit, Libidoverlust im Ich-Bewusstsein und Hoffnungslosigkeit. Es ist dann sehr schwer, trotzdem nach einem Sinn zu fragen, denn solche »Nacht« enthält kein Licht, das auf eine Zukunft hinweisen könnte. Es sind Grenzsituationen, Kreuzweg-Worte, mit denen die Angst, die Verzweiflung und Ausweglosigkeit wie Polypenarme das Ich umklammern.

Der Wald, der schon am Beginn auftaucht, lässt darauf schließen, dass es sich bei diesem Märchen um hintergründige Ereignisse handeln wird. Auch der Beruf des Vaters als Holzhacker weist ihn als einen Diener des Waldes und damit psychologisch als Trabanten der großen Mutter Natur aus; so wie einst Riesen oder Zwerge als Hüter des Waldes oder der Erdschätze galten und sehr viel von den Geheimnissen der Natur wussten. Das könnte also auch heißen, dass das Ich-Bewusstsein dieses Vaters noch wesentlich unter der Dominanz des Unbewussten und damit aber auch des Weiblichen steht. Er hat offenbar die männlichen Eigenschaften der Willensentscheidung, der Aktivität noch nicht in einem so deutlichen Maße entwickelt, wie man es zumindest heute im allgemeinen von einem erwachsenen Mann erwartet.

Bei solchen Überlegungen wird aber vielleicht auch leichter verstehbar, warum der Vater sich gegen sein besseres Wissen von seiner Frau überreden lässt und die Kinder im Walde sich selber überlassen will. Allerdings regt sich auch sein eigentliches Gefühl in seinen traurigen Worten: »Aber dauern tun mich die armen Kinder doch.« Wie oft ein Vater wohl seine Beziehungswünsche und -gefühle zugunsten irgendeines vernünftigen, wichtigen, rationalen Faktors abweist, verdrängt oder gar nicht zulässt? Allzu oft hört man Väter sagen: »Hätte ich doch nur damals ...«, oder: »Wenn ich damals gewusst hätte, was ich heute weiß …«

Vielleicht hat die Verarmung des Vaters aber auch etwas mit dem Wachstum der Kinder zu tun, die ihm sein Älter-Werden, das Nachlassen seiner Kräfte und damit auch den Verlust seiner Autorität ins Bewusstsein rufen? Spielt vielleicht unbewusste Rivalität eine Rolle? Ist es die uralte Angst davor, geopfert zu werden, und der Wunsch, statt dessen durch den Tod der Kinder den eigenen Tod hinauszuschieben? Taucht hinter der schlichten Gestalt des Holzfällers auch der Jahreskönig auf, der sterben muss, wenn das Jahr sich neigt, damit der junge König den Frühling bringen kann mit allen neuen Kräften und Fruchtmöglichkeiten?

Spontan aber, und das geschieht auch immer wieder, muss man sich doch fragen, was das für Eltern sind. Die wenigen und wortarmen Sätze lassen alle poetischen und phantasievollen Vorstellungen von Mutter und Vater schwinden. Ist das wirklich die Realität der Armen, die sich hier nackt und ohne jede soziale Verschönerung darstellt? Es ist bemerkenswert, wie häufig diese Anfangsszene beim Wiedererzählen oder beim Erinnern dieses Märchens weggelassen, vergessen oder verdrängt wird. Kinder sagen es manchmal: »Weil sie so arm sind, schicken sie sie fort … » Erwachsene landen meist sehr schnell bei der Hexe und »dem Bösen, das vernichtet werden muss«. Niemand möchte sich mit diesem Vater oder mit dieser Mutter identifizieren.

Ich erinnere mich in diesem Zusammenhang an einen etwa fünfzigjährigen Mann. Trotz seiner massigen Figur und trotz des schweren Ganges wirkte er sehr viel jünger. Das lag wohl an seinem fast kleinkindhaft wirkenden Gesicht – einem »Mondgesicht« –, in dem außer einer leisen Trauer keine individuelle Lebensschrift erkennbar war. Und er war tatsächlich auch sehr traurig und zutiefst hilflos. Hinter seiner Trauer verbarg sich ein Leben des Verzichtes. Als Kind schon hatte er die Fähigkeit, ein Kind zu zeugen, durch einen Unfall verloren. Der scheue, unsichere und durchsetzungsschwache Junge wurde von der Mutter sehr lange im »Kinderstall eines Sohnlebens« festgehalten, was um so selbstverständlicher erschien, da der Vater früh gestorben war. Mit seiner »dünngebliebenen Männlichkeit« wurde er schließlich von einer Frau mit einem unehelichen Kind geheiratet. Für ihn war sie eine »Gretel«, die ihn aus den »Hexenfesseln« erlöste. Aber er selber blieb eben der Hänsel im Ställchen. Als die Frau ihn eines Tages verließ, wusste er sich nicht zu helfen. Überraschend spontan konnte er sich, ganz unbewusst, mit der Hänsel-Hexen-Situation identifizieren. »Ja, ja«, erzählte er, als wir über die Hexenhaftigkeit bei manchen Frauen sprachen und ihm das Märchen einfiel, »das geht gut aus. Darum mag ich es. Alles andere ist schrecklich dunkel.« Er meinte damit den übrigen Inhalt. Dementsprechend musste er sich lange besinnen, bis einzelne Bilder des vor langen Jahren gelesenen Märchens wieder auftauchten. Und wieder mischte sich, ohne dass er es bewusst merkte, eigenstes Schicksal ein: »Die wollten frei sein (die Kinder). Und dann machten sie die schreckliche Erfahrung (mit der Hexe), ganz schrecklich. Die wollte sie fett machen. Aber der Hänsel zeigte ihr immer nur seinen dünnen Knochen. Und dann kamen sie wieder nach Hause, wo es gut war.« Nach einer Pause, in der er seine innere Erschütterung zu bewältigen versuchte, sprach er weiter: »Es war doch alles gut in unserer Ehe. Und ich liebe meine Frau. Vor allem den Jungen. Und die sollen es gut haben. Und sie sollen nach Hause kommen. Was habe ich nur falsch gemacht?« Wie ein Kind weinte dieser Mann um sein verlorenes Glück.

»Der Mann hatte keine frohe Stunde gehabt, seit er die Kinder im Walde gelassen hatte, die Frau aber war gestorben«, heißt es am Ende des Märchens. Und wie der Hänselvater wollte auch dieser Mann, dass es zu Hause »gut war«.

Rabeneltern

Nur diese erste Szene des Märchens hatte Vater Christian seiner Frau vorgelesen, als diese ihn heftig unterbrach und mit ausfahrenden Handgesten hervorsprudelte: »Das ist ja unglaublich! So eine Gemeinheit! Das kann eine Mutter doch gar nicht tun, so etwas gibt es doch nicht! Was sollen denn die Kinder denken, wenn sie so etwas hören?«

Eigentlich hätte der Vater lieber weitergelesen. Aber nun entstand doch ein so heftiger Disput mit scharfen Argumenten, angeheizt von einer Aggressivität, die mit dem Märchen überhaupt nichts mehr zu tun hatte, dass das Buch schließlich auf dem Nachttisch landete. Schuldlisten schienen plötzlich im Raum zu hängen, wobei jede den Namen des anderen als Überschrift trug. Müdigkeit und auch die Notwendigkeit, jetzt zu schlafen, beendeten den ehelichen Versuch, im Symbolraum des Märchens dem Partner moralisch die Leviten zu lesen. Das »Du bist schuld…« verkroch sich in die dunklen Ecken des Unbewussten, und der Schlaf entzog dem Ich seine wortreiche Melodie.

Aus diesem nachhaltigen Dialog entstand die Idee, Familiengespräche mit den Kindern zusammen zu führen, um zu erfahren, wie Kinder *wirklich* mit den Inhalten eines Märchens umgehen. Zunächst aber äußerten sich die Eltern sehr nachdenklich darüber, dass sie beide sich von dem Streitgespräch des Märchen-Elternpaares hatten anstecken lassen. Mutter Ingeborg war besonders wütend darüber, dass der Vater im Märchen sich von seiner Frau überreden ließ. Sie fand viele Beispiele für eine solche »nachgebende Seite«, auch im Wesen ihres Mannes. An sich liebte sie seine Weichheit und liebevolle Art ganz besonders. Aber er setzte sie, ihrer Meinung nach, nicht immer an der richtigen Stelle ein. Möglicherweise beanspruchte sie diesen Wärmespender seines Wesens für sich allein – was sie natürlich bestritt. Erst die Frage, ob sie denn schon einmal versucht hätte, ihren Mann zu etwas zu überreden, was er eigentlich nicht wollte, und ob sie dann vielleicht einen Triumph erlebt habe, wenn er ihr nachgab, ganz gegen seinen eigenen Wunsch, hatte sie nachdenklich gestimmt und verstummen lassen.

Vater Christian aber hatte einen merkwürdigen Traum in dieser Nacht gehabt, der ihn sehr beschäftigte und weniger streitbar als traurig gestimmt hatte. Zu seiner Frau hatte er nur ziemlich verstimmt wegen ihrer heftigen Angriffe geäußert: »Sei du mal ganz still und plustere dich nicht auf. Du schickst die Kinder auch manchmal weg, wenn du sie nicht mehr ertragen kannst. Das ist nicht so selten, dass man es vergessen könnte.« Sehr ernst setzte er dann hinzu: »Und ich weiß nicht einmal so genau, wie du wärst, wenn wir arm wären und Hunger hätten.« Die soziale Bedrängnis, in der sich die Holzhacker-Familie befand, war nicht zu übersehen. Und Arbeitslosigkeit war ein aktuelles Thema – auch für Mutter Ingeborg –, so dass sie jetzt schweigend verharrte und ihre Energie zum Nachdenken benutzte.

Vater Christian aber erzählte in den Raum der Stille seinen Traum: »Ich war mit der ganzen Familie unterwegs. So wie sonntags. Eine Waldwanderung. Ich sah niemanden. Plötzlich wusste ich, dass die Kinder sich verirrt hatten. Inge suchte sie. Sie fand sie aber nicht und lief immer weiter von mir weg. Wenn ich sie nicht ganz bald fand, drohte ihnen große Gefahr. Ich rannte und rief immerzu nach ihnen. Aber meine Stimme hatte keinen Ton. Als ich wach wurde, habe ich mich schrecklich einsam gefühlt und ebenso schreckliche Angst gehabt.«

Wir sprachen über diesen Traum und den möglichen Zusammenhang mit dem Anfangsbild des Märchens, in dem es ja auch um das Thema der Trennung geht: Wann und wodurch Kinder sich verirren können – trotz der Gegenwart des Vaters. Ob er sich manchmal getrennt fühlt von Frau und Kindern? Das für Vater Christian Überraschendste war der tiefe Schmerz und die heiße Sehnsucht, die er im Traum verspürt hatte. Das war seinem Tagesbewusstsein fremd, da er sich kaum je von der Familie getrennt fühlte. Sie war ja immer da, wenn er kam. Ob er sie deswegen vielleicht manchmal übersah? So wie gewohnte Dinge, die immer am gleichen Platz stehen?

Mutter Ingeborg hatte leise vor sich hingemurmelt: *»Rabenvater«* – sie war wohl immer noch im Innersten ärgerlich. Aber es war eine fruchtbare Wortchiffre, die der Un-Menschlichkeit des indirekten Mordentschlusses der Holzhackerleute vielleicht etwas Menschliches hinzufügen konnte.

Der Volksmund kennt sie beide: die Rabenväter und die Rabenmütter. Von Rabenmüttern berichtet man, dass sie die eigene Brut im Stich lassen, um selber zu fressen. Aber man berichtet auch, dass die Rabenjungen ihren eigenen Vater auffressen. Im Märchen »Die weiße Schlange« heißt es wörtlich: »Da sah er einen Rabenvater und eine Rabenmutter, die standen bei ihrem Nest und warfen ihre Jungen heraus. ›Fort mit euch, ihr Galgenschwengel‹, riefen sie, ›wir können euch nicht mehr satt machen, ihr seid groß genug und könnt euch selber ernähren.‹«

Solche archaischen Muster erinnern an uralte Verhaltensweisen des Menschen, die man als primitiv zu bezeichnen pflegt, die aber eben – zumindest in den Frühkulturen – der kulturellen Entwicklungsstufe des Menschen entsprachen. Fressen und Gefressenwerden ist so alt wie die Menschheit und war Lebensbedingung, als die lebendige Zelle begann, sich zu teilen – bei Tier und Mensch. Es ist daher kein Zufall, dass mit zunehmender Entwicklung eines Bewusstseins das Töten allmählich in Rituale eingebettet und als religiöses Opfer geheiligt wurde. Tiere und Menschen wurden für die Götter geschlachtet. Väter töteten ihre Kinder, Söhne ihre Väter, Mädchen starben für Fruchtbarkeitsrituale oder wurden lebendig in der Erde begraben. Gerade auch das Kinder-Opfer ist uralt und möglicherweise entstanden aus dem natürlichen und in archaischen Zeiten sehr häufigen Tod des neugeborenen Säuglings. An diesen frühen und unheimlichen Tod, den jede Frau als Ur-Angst in ihrer Seele trägt, knüpfen sich mythologische Vorstellungen von »würgenden, raubenden, tötenden Dämonen« wie Lamien, Hexen und Spinnen.

Die sonderbare Intensität, mit der die Frau im »Hänsel und Gretel«-Märchen ihren Plan durchsetzen will, lässt auch an *Mord* denken, obwohl es nicht direkt ausgesprochen wird. Jedenfalls gibt es keinen Hinweis, dass sie auch an ein Überleben der Kinder glaubt. Sie will wohl überhaupt nicht weiter denken als an den Abschied, eine Abscheidung der Kinder von ihrem eigenen Leben.

Der Tod spielt in den Märchen eine große Rolle. Er steht sehr häufig im Zusammenhang mit Reifung, Heldentum und dem Grundthema von gut und böse, von falsch und richtig. Schneewittchen soll getötet werden aus Eifersucht, Dornröschen sinkt in einen hundertjährigen Schlaf, Rotkäppchen wird vom Wolf gefressen, der treue Johannes muss sterben. Das Märchen rankt seine realistischen Bilder hier wohl auch um das schwierige Thema von Diesseits und Jenseits, von Wandlung und Wiedergeburt.

Bei Hänsel und Gretel kommt der Impuls des Aussetzens von der Mutter. Aber sie kann ihn offenbar nur vollziehen mit Hilfe des Vaters. Er scheint der Schicksalsträger für die Kinder zu sein. Dabei ist es erstaunlich, wie oft der Vater in den Märchen getäuscht, überredet oder von Versprechungen geblendet wird, wie er belogen wird oder blind für wahre Werte zu sein scheint. Er kann allerdings auch der Wissende und Weise sein, der als König an der Spitze seines

Volkes steht und vor seinem Tode noch Lebensrätsel an seine Kinder verteilt.

Sonderbar und geheimnisvoll lesen sich dazu die letzten Worte im Alten Testament im Buch des Propheten Maleachi, in denen es vom Propheten Elia heißt: »Der soll das Herz der Väter bekehren zu den Kindern und das Herz der Kinder zu ihren Vätern, dass ich nicht komme und das Erdreich mit dem Bann schlage.« Diese Vorhersage spricht von der Möglichkeit einer unheimlichen Katastrophe, einer Weltkatastrophe, die für den heutigen Menschen so nahe gerückt ist, dass der lebendige Mythos vor unserer Haustüre lauert: »Denn siehe, es kommt ein Tag, der brennen soll wie ein Ofen; da werden alle Verächter und Gottlosen Stroh sein, und der künftige Tag wird sie anzünden ... und wird ihnen weder Wurzel noch Zweig lassen.« In unserem Märchen sind es die Kinder, die die Schicksalsknoten lösen, indem sie Bedrohung und Gefährdung erdulden, bestehen und ein eigenständiges, eigenschöpferisches Leben gestalten.

Vielleicht aber ist es immer die Jugend, die aus den Schienen springen muss, auf denen die alt gewordenen Lebenszüge nur noch geradeaus fahren können. Gerade die Jungen aber brauchen eben auch den *Vater,* der ihnen das Geheimnis des Lebens vererbt und nicht das große Töten hinterlässt.

Die Geschwister und die Mondsteine

Die zwei Kinder hatten vor Hunger auch nicht einschlafen können und hatten gehört, was die Stiefmutter zum Vater gesagt hatte. Gretel weinte bittere Tränen und sprach zu Hänsel: »Nun ist's um uns geschehen.« – »Still, Gretel«, sprach Hänsel, »gräme dich nicht, ich will uns schon helfen.« Und als die Alten eingeschlafen waren, stand er auf, zog sein Röcklein an, machte die Untertüre auf und schlich sich hinaus. Da schien der Mond ganz helle, und die weißen Kieselsteine, die vor dem Haus lagen, glänzten wie lauter Batzen. Hänsel bückte sich und steckte so viel in sein Rocktäschlein, als nur hinein wollten. Dann ging er wieder zurück, sprach zu Gretel: »Sei getrost, liebes Schwesterchen, und schlaf nur ruhig ein, Gott wird uns nicht verlassen«, und legte sich wieder in sein Bett.

Die beiden Hauptakteure haben nunmehr die Bilderbühne des Märchens betreten und damit den Eindruck von der Familie des Holzfällers vervollständigt. Zwei namenlose Erwachsene – zwei Kinder mit Namen. Haben diese Eltern ihre Individualität verloren? Wurden sie nicht »bei ihrem Namen gerufen« und gehören dadurch nicht zu den »von Gott Gezählten«? Denn »Gott, der Herr, hat sie gezählet, dass ihm auch nicht eines fehlet«, heißt es von den Sternen am Himmelszelt im Abendkinderlied.

Der Vater von Hänsel und Gretel ist offensichtlich weit entfernt von einer inneren tragenden Kraft und vermag einem äußeren Unheil nicht zu begegnen. In seinem bei einem Namen gerufenen, also gezählten Sohn »Hänsel« ist diese tragende Kraft ganz offensichtlich aufgerufen, und im hellen Licht des Mondes, also dem symbolisch inneren Licht in jeder Dunkelheit, findet er die weißen Steine, die gerade in diesem Licht zur Wegleuchte werden.

Damit stehen sich in diesen beiden Menschenpaaren zweimal zwei Gegensätze gegenüber: Vater und Tochter sind verzweifelt, Mutter und Sohn werden aktiv, wesensmäßig aber sind Mutter und Tochter ebenso gegensätzlich wie Vater und Sohn.

Diese Vierheit ist wie eine archetypische Chiffre, wie eine Familienformel, die sich nach rückwärts zu den Groß- und Ur-Eltern verfolgen lässt oder nach vorwärts in neue Zweiheiten verzweigen kann. Hier liegt vielleicht das Offenbleibende in diesem Märchen, dass das Rückwärtige, eben die Eltern oder das Ältere, namenlos wird im Dämmern des Waldes, in der Dunkelheit der Vergangenheit des unbewusst Verschwindenden, seine Wirksamkeit beendend mit Schuld oder Unschuld. Nur ein Stück vom Brot des Lebens und von der Flamme des Lebens wird den Kindern mitgegeben für den Weg in den Wald und vielleicht zu sich selbst. Das aber erhalten die beiden Kinder Hänsel und Gretel von der Mutter und dem Vater. Ob vielleicht ganz unbewusst, wie ein tief inneres leuchtendes Licht, eine tief innen lebende Liebe die Tat motivierte, während das Ich-Bewusstsein nur den Mord entwarf?

Die Geschwisterthematik verweist ebenfalls auf die Zwei, auf den Gegensatz und auf die Ergänzung zu einer Ganzheit und Einheit, gerade eben durch das Gegensätzliche. Das Bruder-und-Schwester-Thema spielt in den Märchen eine besondere Rolle. Es ist dabei bemerkenswert, wie häufig der oder die Brüder eine Entwicklungsphase der Wandlung oder auch der Verwandlung – zum Beispiel in ein Tier – durchleben, und wie häufig die Schwester einen mehr oder weniger schweren Leidensweg gehen muss, um oft mit schweren Opfern die Erlösung und Rückverwandlung des

Bruders zu erreichen. Dabei erfährt man meistens nichts über die sich oft töricht verhaltenden Brüder, aber sehr viel über die Fähigkeiten, Kräfte und besonders über die beharrliche Liebe einer solchen Schwester.

Obwohl die Märchen fast durchgehend aus einer Zeit stammen, in der es noch recht große Geschwistergruppen gegeben hat und acht, neun oder zwölf Geschwister durchaus keine Seltenheit waren, tauchen in den Märchen ziemlich häufig nur ein Schwesterchen und ein Brüderchen auf. Von daher könnte man sich fragen, wie weit sie psychische Verhaltensmodelle für das Mädchen und den Jungen darstellen, geheime Lehrmodelle für Eltern und Lern- oder Verhaltensmodelle für Kinder. Die Geschwister durchlaufen jedenfalls nebeneinander den gleichen Erlebnisweg mit oft unterschiedlichen Reifungsvorgängen.

In den Mythen der Völker und vielfach auch in den Märchen sind es aber durchaus nicht nur die Verwandtschaftsgrade, die durch den Vater und die Mutter oder durch Söhne und Töchter dargestellt werden, sondern die Märchengestalten sind immer auch symbolische Chiffren, die sich auf ein und denselben Menschen beziehen. Gerade durch die Namenlosigkeit, die Anonymität und Unpersönlichkeit einzelner Märchenfiguren kann jeder sich beinahe mit jedem identifizieren.

Hänsel handelt mit einer Klarheit und Zielgerichtetheit, die ein deutliches »Nein« zu der Entscheidung der Eltern erkennen lässt. Bei ihm ist es die heimliche Tat, die der Handlungsohnmacht des Vaters gegenübersteht. Dabei tut er nichts, was sich gegen jemanden wendet, sondern wie ein kleiner Weiser sucht er einen *Weg* aus der Notsituation heraus, der gleichermaßen auch für die Schwester begehbar sein soll. Im Gegensatz zu den verdeckten Mordimpulsen der Eltern findet er eine äußerst sanfte Weglösung. Diese umfasst allerdings nur die Rückfindung in den elterlichen Schoß und nicht die eigentliche Ursache der Not.

Das Aufsammeln der weißen Steine ist eindrucksvoll. Vor allem Kinder bewundern das immer wieder und werden dadurch selbst zum Sammeln ungewöhnlicher Gegenstände angeregt. Weiße Steinchen, Perlen oder Bohnen waren früher immer ein besonders günstiges Zeichen, berichtet Dorothea Forstner. Seine Härte und Haltbarkeit sowie seine oft seltsame Form hat den Stein zum Träger numinoser Kräfte werden lassen. Der Stein symbolisiert das Absolute und gehört dadurch in die Nähe göttlicher Kräfte.

Das Märchen konfrontiert hier aber auch mit einer Situation, die man immer wieder erleben kann, wenn Eltern oder Erwachsene überhaupt sich in Gegenwart von Kindern so unterhalten, als hätten die Kinder keine Ohren zum Hören und keine Augen zum Sehen. Hänsel und Gretel sind offenbar nicht mehr so klein, dass sie den Inhalt des Gespräches nicht verstehen würden; besonders das Mädchen reagiert mit Schrecken und Angst. Die Kinder schlafen zwar nicht im gleichen Zimmer, denn sie können miteinander sprechen, ohne dass die Eltern sie hören. Es gibt also in dem Haus mehrere Räume, aber die Wände sind wohl nur sehr dünn. Vielleicht ist aber auch die Türe offen. Man liest auch, dass die Kinder ebenfalls »vor Hunger nicht einschlafen können«. Der Hunger ist also bereits da und wird nicht erst kommen.

Bei den vielen Schlaf-, Einschlaf- und Durchschlafstörungen, die man heute beobachten kann, stellt sich die Frage, ob sie auch von einem Hunger herrühren könnten, Hunger nach Liebe, nach Vertrauen, nach der Zusicherung eines Morgens, der kommen wird mit dem Sonnenaufgang, nach Weiterleben? Die primäre Reaktion der kleinen Gretel jedenfalls ist totale Hoffnungslosigkeit: »Nun ist's um uns geschehen.« Hänsel dagegen lässt sich nicht so schnell schrecken. Altklug beruft er sich auf den Vatergott, und der seelische Kräftezustrom durch die schöpferische Tat lässt ihn über sich hinauswachsen. Der persönliche, aber eben verräterische Vater wird transzendiert zum mächtigen Gott und Allvater, der über alle und alles seine schützenden Hände hält.

Sollte in diesem kargen, armen und arbeitsreichen Milieu tatsächlich auch ein Hauch religiöser Geborgenheit bestanden haben? Oder werden dem Kind solche Worte in den Mund gelegt, um das Märchen einzubetten in den christlichen Kulturraum? Warum aber ist dann bei den beiden Eltern so wenig Gottvertrauen zu spüren? Oder steht hinter dem Unternehmen Ausstoßung zugleich das Anvertrauen an eine Macht, die von Anbeginn an Leben und Tod in Händen hält?

Es wäre ja möglich, dass *Eltern und Kinder* an einer Ablösungsschwelle stehen, die fast immer, und wohl auch notwendigerweise, mit allen schmerzlichen Signaturen einer Trennung versehen ist. Festhalten und Loslassen geraten dann in Widerspruch, die Aggressivität der Geburtswehen eines neuen Beginns entfaltet ihre schmerzhafte Wirkung, und das um so mehr, als das Ich-Bewusstsein längst vergessen hat, dass der Weg in die Zukunft aus lauter Jetzt-Schritten besteht. Noch immer gibt es Rituale wie uralte Wegweiser, die man zwar vollzieht, deren geistige Wurzeln aber oft nicht mehr bewusst werden: Taufe, Kindergarten, Schulbeginn, Schulabschluss, Weihnachten, Ostern, Pfingsten, Hochzeit, Scheidung, Letzte Ölung und Beerdigung, Lehre und Meisterprüfung, Studium und Praktikum. Oft werden sie als Feste gefeiert. Von den alten Mysterien der Einweihung blieben die Rituale ehemals geistiger Erfahrung, und es blieb und bleibt die archetypische Sehnsucht nach Vollständigkeit und Ganzheit oder, um es mit einem modernen Wort zu sagen, nach Identität. Das Schlüsselwort dafür, das alle Gegensätze in sich vereinigt, weltweit und kollektiv gültig, ist die Liebe mit den beiden Kreuzbalken der Güte und des Gesetzes, des schöpferischen Chaos und der gestalterischen Ordnung.

Es ist jedenfalls auffallend, dass eine kosmische Bedingtheit, allerdings eher unauffällig, sich in die Märchenbilder mischt. Da sind die Nacht und der Tag, der Mond und die Sonne, das Feuer (im Wald) und das Wasser am Ende des Weges. Das sind polare Kräfte, so wie sie in den Geschwistern selbst auftauchen, Mädchen und Junge, männlich und weiblich und in den Eltern als Mann und Frau. C. G. Jung spricht von den beiden großen kosmischen Gestirnen, dem Mond und der Sonne, als den »göttlichen Äquivalenten des Elternarchetyps«.

Es ist auch so, als würde das Märchen hier ein Spiel um die Zwei ranken und damit auf die polare Spannung auch zwischen Ich und Du oder bewusst und unbewusst hinzielen. Die Zwei ist eine mit Beginn der Schöpfung entstehende Zahl, denn mit der Polarität entsteht das Leben, und sie ist mit aller Dynamik und Bewegung verbunden. Zwischen Anfang und Ende entsteht die Zwei. So entsteht mit dem Schöpfungsakt Adam und seine ihn ergänzende Partnerin Eva. Die Zweiheit wird Erlebnis in dem Augenblick, da sie beide vom Baum der Erkenntnis essen und den Gegensatz in der Polarität von gut und böse erkennen. Aus der unbewussten Einheit entsteht die Trennung und das Trennende. Auch im Wort Zweifel steckt als Wurzel die Zwei – und in der Verzweiflung, die in diesem Märchen eine so große Rolle spielt.

Und dennoch ist es die Liebesvereinigung der Urgegensätze von Mann und Frau, in der sich die Ganzheit erneuert. Und im Schöpfungsraum von Zeugung und Empfängnis entsteht aus der Zwei wieder das Eine.

Familientreffen

Mutter Ingeborg wirkte, als wir uns wieder trafen, etwas stiller, als es ihrer sonstigen Art entsprach. Sie hatte den Kindern von unserer Abmachung erzählt, und alle drei waren voller Erwartung. Dem Vorlesen des nächtlichen Gespräches der Eltern von Hänsel und Gretel hatten sie zugehört. Es war für sie neu, dass der Vater vorlas, denn das tat sonst nur die Mutter. Vater Christian fühlte sich anfangs etwas unbehaglich, fand sich aber schnell in der eigentümlichen Melodie der knappen Sätze zurecht. Nachdem Hänsel »wieder im Bett lag«, machte Vater Christian eine Pause.

Jasmine machte ein sehr ernsthaftes Gesicht und fragte nach einer Weile: »Sind bei uns auch Silbersteine im Garten?«

Und ziemlich schnell schoss Johannes Nikolaus hinterher: »Was sind denn Batzen?«

Die Eltern schauten sich an und mussten lachen. »Ein Batzen ist eine silberne (Scheide-)Münze, so wie heute ein Markstück ist, also Geld.« Mutter Ingeborg hatte sich also tatsächlich ganz ernsthaft mit dem Märchen beschäftigt und stellte nun doch auch die Frage, die sie selber so sehr interessierte: »Was meint ihr denn zu den Eltern von Hänsel und Gretel?«

»Na«, meinte Johannes Nikolaus, »die sind ja dumm, die Mami, die hat eben einfach schlechte Laune.«

»Nein«, unterbrach ihn Sophia, »die ist böse und die ist ja auch nicht *meine* Mami, die ist ja eine Stiefmutter, und der Papi ist doch lieb.«

Jasmine fand für sich noch eine andere Lösung: »Die kennen doch den Weg, den gehen die doch immer mit Mami und Papi. Und dann finden sie Kastanien und Nüsse, und Papi lässt mich reiten.«

In geradezu berückender Weise mischten alle drei Kinder ihre eigensten bunten Lebensfacetten in die Märchenbilder.

»Was hättest du denn gemacht, wenn du der Hänsel gewesen wärst?« fragte Mutter Ingeborg nun nach.

Johannes Nikolaus sah den Vater kritisch an, steckte seine Hände in die Hosentaschen und schwieg. Es war ihm anzumerken, dass er nachdachte. Er sah den eigenen Vater und hatte von einem anderen Vater gehört, zwei Väter, zweimal die gleiche Rolle. Dieser Unterschied war ihm wohl noch nie so bewusst geworden. Macht ein Vater so etwas? Was würde ich tun? »Du würdest ihm doch helfen, nicht?« sagte er plötzlich. »Du kannst ihm doch Arbeit geben oder Geld, nicht? Ich würde einfach zu dir gehen und dir alles erzählen.«

Zum Glück schalteten die Eltern sehr schnell, und Mutter Ingeborg meinte: »Das finde ich prima.« Der Vater nickte nur stumm, was den Sohn aber voll befriedigte. Es bedurfte nicht mehr der Worte bei dieser inneren Übereinstimmung.

Bei der ängstlichen Sophia verbot sich eigentlich eine so identifikatorische Frage, wie die Mutter sie an Johannes Nikolaus gestellt hatte, aber diese hatte eine Überraschung bereit, auf die niemand gefasst war. »Ich nehme aber noch eine Jacke mit und für den Hänsel auch, im Schatten ist es immer so kalt.«

Und Jasmine bereicherte mit der Mitteilung: »Und mich versteckt die Mami in der Uhr.« Dass dieser Einfall Jasmines aus dem Märchen »Der Wolf und die sieben Geißlein« stammte, war dabei ganz unwichtig, oder vielleicht auch nicht? Da heißt es doch tatsächlich, dass der böse Wolf alle sechs Geißlein verschluckte, »nur das Jüngste in dem Uhrkasten, das fand er nicht«. Und dieses rettet ja dann auch seine sechs Geschwister. Wieder einmal hatte sich die Jüngste ihre »wichtige« Rolle im Familienkanon gesichert. Die Kinder liefen jetzt vergnügt davon.

Vater Christian sah etwas betroffen aus. »Wir denken zu viel… Ich meine, die Kinder wissen etwas und sagen es, ohne zu denken, sie wissen gar nicht, dass sie es wissen.«

Mutter Ingeborg sah ihren Mann erstaunt an. Später sagte sie mir, so hätte sie ihren Mann noch nie über die Kinder sprechen hören. Jetzt aber wollte sie wissen, warum die Kinder gar nicht so entsetzt und empört waren wie sie selber und wieso Sophia sich so tapfer in die »Gretelrolle« begeben konnte, und dann auch noch Jasmine mit »Der Wolf und die sieben Geißlein«? Für die Eltern ereignete sich etwas ganz Neues. Die Kinder wurden in diesem Gespräch plötzlich zu einem selbständigen Gegenüber, das ernst zu nehmen war.

Johannes Nikolaus hatte auf die Frage der Mutter innerlich wirklich versucht, sich in die Rolle des Hänsel zu versetzen. Dabei übersetzte er aber erstaunlich realistisch Hänsels Lösungsversuch in seine eigene aktuelle Lebenssituation. Er bat den eigenen Vater um Hilfe. Sein volles Vertrauen war dabei, ohne dass der Junge es merkte, ein Geschenk für den Vater. »Ich würde einfach zu dir gehen…« Also auch ein Hänsel der Tat.

Erstaunlicher war schon die Reaktion von Sophia, die eine Wesensseite offenbarte, die sich zur Zeit noch so häufig hinter Scheu und Ängstlichkeit verbarg: liebevolle und weitsichtige Fürsorge für zwei, nicht nur für sich allein. Eigentlich leuchtete hier ein Aspekt auf, der bei Gretel im Märchen erst später sichtbar wird.

Beide Eltern wirkten tief überrascht bei diesen Überlegungen und irgendwie sehr dankbar. Das wurde besonders deutlich am Ende unseres Gespräches, als wir uns noch über die schöpferische Freiheit der kleinen Jasmine freuten, die den gegebenen Rahmen von Hänsel und Gretel einfach sprengte und den Märchenkreis erweiterte. Ihre Nähe zur Mutter und ihr sicherer Schutz im Gehäuse der Uhr lässt trotzdem bereits ahnen, dass auch sie sich dem Schritt nähert, der zur Schwelle führt, an der sich die Tür öffnet in den Raum, in dem das patriarchale Gesetz von Maß und Zeit herrscht. Aber noch steht der Wolf als fressendes Ungeheuer vor der Tür.

Brot und Steine

Als der Tag anbrach, noch ehe die Sonne aufgegangen war, kam schon die Frau und weckte die beiden Kinder: »Steht auf, ihr Faulenzer, wir wollen in den Wald gehen und Holz holen.« Dann gab sie jedem ein Stückchen Brot und sprach: »Da habt ihr etwas für den Mittag, aber esst's nicht vorher auf, weiter kriegt ihr nichts.« Gretel nahm das Brot unter die Schürze, weil Hänsel die Steine in der Tasche hatte. Danach machten sie sich alle zusammen auf den Weg nach dem Wald. Als sie ein Weilchen gegangen waren, stand Hänsel still und guckte nach dem Haus zurück und tat das wieder und immer wieder. Der Vater sprach: »Hänsel, was guckst du da und bleibst zurück, hab acht und vergiss deine Beine nicht.« – »Ach, Vater«, sagte Hänsel, »ich sehe nach meinem weißen Kätzchen, das sitzt oben auf dem Dach und will mir Ade sagen.« Die Frau sprach: »Narr, das ist dein Kätzchen nicht, das ist die Morgensonne, die auf den Schornstein scheint.« Hänsel aber hatte nicht nach dem Kätzchen gesehen, sondern immer einen von den blanken Kieselsteinen aus seiner Tasche auf den Weg geworfen.

Die scheinbar so karge Schilderung beginnt merkwürdig schimmernd zu werden, als nach der Nacht die Sonne auf das Dach des Holzfällers scheint, Hänsel ein Kätzchen phantasiert, der Vater auf den Weg hinweist und die Steine einer nach dem anderen aus der Kinderhand auf den Weg fallen. Nach dem Vorspiel in der Nacht, in der der düstere Hintergrund des zu erwartenden Dramas sich entfaltet hat, beginnt nun der erste Akt im Morgenlicht der Sonne, und die handelnden Personen treten in Aktion. Im beginnenden Morgen vollzieht sich der Auszug aus dem Vaterhaus. Die Unfreundlichkeit und die emotionale Kälte der Mutter ändern sich nicht in Gegenwart der Kinder. Hänsel spielt eine rührende kleine Abschiedsszene mit Worten und Gesten, in die die Mutter ganz nüchtern und sehr realistisch »die Sonne« hineinfunkeln lässt. Ihre Worte könnten einen Hinweis auf das klare Ich-Bewusstsein enthalten oder einfach auf den Tag, an dem man aufhören muss zu träumen. Denn immer wieder schaut Hänsel nach rückwärts, obwohl er von seinem Bewusstsein her genau weiß, dass dort eben keine Mutter um ihn weint und er nicht zu ihr zurückkehren soll. Die Mutter wirkt wie erfroren in der Rolle, die ihr aufgetragen ist, und zeigt keinerlei Wandlungsmöglichkeiten. Sie ist die traurigste Figur, die in ihrer Einseitigkeit so abgelöst von allem menschlichen Verhalten wirkt, dass sie wie die Verkörperung des Bösen schlechthin entworfen zu sein scheint. Ihr fehlt hier auch das eigene Kind, wie man es manchmal von Stiefmüttern in anderen Märchen liest, so dass sie in ihrer Mutterschaft doch wenigstens etwas Liebe hätte entwickeln können. So aber zieht sie wie ein finsteres Mal alles Stiefmütterlichen ihren kurzen Weg durch die ärmlichen Tage der Holzfällerfamilie. Ist es nicht ein wenig sonderbar, dass weder Hänsel noch Gretel in ihrer Angst und Not den Vater einfach fragen oder die Mutter? Wie ist es denn möglich, dass Kinder so etwas schweigend hinnehmen und ohne Widerrede tun, was die Eltern ihnen befehlen, obwohl sie wissen, was die Eltern vorhaben? Und ob Eltern wohl wissen, wieviel Angst Kinder haben können und sie darum Heimliches tun oder Getanes verschweigen, weil zu viel Mut dazu gehört, die Eltern zu fragen: »Was wollt ihr mit uns tun?«

Es sind nur wenige Worte, die zwischen den Eltern und den Kindern gewechselt werden. Auch hier herrschen Armut und Kargheit. Bis in die Gesten hinein wird alles reduziert, auch das Brot wird noch mit Warnung versehen. Aber die Kinder scheinen es gewohnt zu sein. Es gibt kein Widerwort, keine Frage, keine Bitte. Unerreichbar scheinen die Eltern in ihrem Plan zu sein, so dass auch die kurzen Worte, die gewechselt werden, keine Lücke anbieten für die Frage: Warum sollen wir sterben? Die Härte dieser Situation wirkt erschreckend und abstoßend. Niemand möchte sich mit solch einem Vater identifizieren, niemand mit einer solchen Mutter.

Treibt das Märchen hier eigentlich ein sadistisches Spiel mit dem Leser? Und wenn ja, warum werden dann die Kinder und der Wald dazu benutzt und nicht die Auslöser, die Eltern? Bei diesen Überlegungen tauchte bei mir die Erinnerung an ein Gespräch auf, das mich lange beschäftigen sollte.

Die Stiefmutter

Ich könnte auch hier mit der alten Märchenformel beginnen: Es war einmal…, mit der so oft ein Dialog beginnt, wenn man sich kennen lernt. Mein Dialogpartner war ein Mann in den besten Jahren, stattlich, mit ruhig blickenden Augen, die so dunkelblau wie ein Sturmmeer wirkten, mit einem wie vom Wind verwehten Gesicht und von Runen gezeichnet, die das Leben selber schreibt. Es war eines von den Gesprächen, die manchmal die Zeit stehen lassen oder aufheben. Zufall meint man, weil solche Begegnungen so ungeplant erscheinen, aber eigentlich Zugefallenes sind, das sich oft und fast immer als unverlierbarer Augenblick erweist.

Wir kamen unter vielem anderen auch auf das Märchen zu sprechen, und er erinnerte sich, dass er als Kind ein sogenanntes Lieblingsmärchen gehabt habe, und zwar »Hänsel und Gretel«. Er lächelte dabei vor sich hin. Er habe allerdings erst sehr viel später festgestellt, dass er gerade dieses Märchen besonders mochte, weil er diesen Vater so hassen konnte. »Diesen gemeinen und feigen und boshaften Halunken, der wegen einer niederträchtigen Weibsperson, die vielleicht nur in sein Bett wollte, die eifersüchtig und egoistisch war, seine eigenen Kinder verrät und allein im Wald zurücklässt. Ich habe diesen Vater im Märchen gehasst, weil ich es nicht wagte, meinen eigenen Vater zu hassen, vielleicht sogar, weil ich ihn mehr mochte als hasste. Damals jedenfalls habe ich den Konflikt, sicher ganz unbewusst, so zu lösen versucht, denn ich fürchtete mich vor ihm, und er hatte immer Recht.

Als meine Mutter starb, war ich noch sehr jung. In meiner Erinnerung war sie warm und weich. Als mein Vater die ›neue Tante‹ ins Haus brachte, fand ich es erst sehr schön, weil nun immer jemand da war. Aber sehr bald kriegte sie mich satt, wurde ungeduldig, sie verstand mich nicht, nörgelte dauernd an mir herum. Meine Aufsässigkeit reizte sie. Schließlich belauschte ich eines Tages ein Gespräch, ein Streitgespräch zwischen den beiden, in dem sie vom Vater verlangte, dass er mich aus dem Hause in ein Internat schicken sollte. Der Vater war zunächst dagegen, aber dann wurde meine Stiefmutter – sie hatte meinen Vater inzwischen geheiratet – so wütend, dass ich dachte, sie würde mich totschlagen. Ich lief dann eines Tages einfach davon. – Können Sie sich vorstellen, dass es so etwas gibt?«

»Ja, das kann ich. Leider«, sagte ich nur. Das folgende Schweigen war wie ein Schlussakkord mit einer Quinte, schmerzhaft und offenbleibend.

»Lange her«, sagte er, als könnte die Zeit auch nach rückwärts eine Brücke sein. »Ich klaute mir etwas zu essen, ich schlief in einem Park im Gebüsch und wurde schließlich, eingeregnet und verdreckt, von der Polizei aufgegriffen und wieder nach Hause gebracht. Das Theater war ungeheuerlich, aber es wurde ein unvergessliches Erlebnis für mich. Mein Vater verhinderte jegliche Prügel. Heute weiß ich, dass er entsetzt und traurig war, und heute kann ich auch vermuten, dass er – zumindest unbewusst – schwere Schuldgefühle hatte.«

Wir sprachen ein wenig über solche unbewussten Schuldgefühle, auch über seine eigenen und wie merkwürdig die aus dem Brunnen der Seele auftauchen können. Vor allem darüber, wie oft man da, wo man Fehler macht, die Schuld beim anderen sucht und eigentlich auch immer findet, um das eigene Gewissen als rein und sauber und frisch gewaschen erleben zu können.

Und er fuhr fort in seiner Erinnerung: »Der Vater jedenfalls war ganz wehrlos, wie in einem Stacheldraht eingefangen von der Frau, die ihn vielleicht sogar wirklich liebte, ihn aber auf jeden Fall für sich haben wollte, um mit ihm ein Leben ohne die Belastung durch ein fremdes Kind führen zu können. Damals konnte ich das natürlich alles überhaupt nicht verstehen. Ich war nur hoffnungslos verzweifelt, weil mein ungekonnter Auf- und Ausbruch gescheitert war.«

Er schwieg eine Weile, als würde die Erinnerung an dieses Kindheitsabenteuer ihn wegziehen aus der Gegenwart. Sein Gesicht hatte einen fast träumerischen Ausdruck, seine vorher etwas unruhigen Hände lagen jetzt ruhig in seinem Schoß, und seine gesenkten Augen schienen aus ihnen zu lesen.

»Und Hänsel und Gretel?«

»Ja«, meinte er, »wenn ich heute daran denke, dann würde ich nicht mehr sagen, dass es mein Lieblingsmärchen ist, obwohl es schon in besonderer Weise eine Bedeutung hatte, vielleicht sogar noch hat – ich könnte es Ihnen nicht deuten. Aber als ich das zweite Mal von zu Hause weglief, geschah es nicht mehr nur aus kindischem Trotz, und die Tränen, die ich damals weinte, hat mir auch niemand mehr getrocknet. Es war geplant, nüchtern und endgültig – komisch, dieses Wort –, es war diesmal tatsächlich *endgültig*. Meine Stiefmutter ist zwar nicht gestorben wie im Märchen, aber sie hat sich, nachdem sie von meinem Vater ein Kind empfangen und geboren hat und es wieder hergeben musste, weil es starb, sehr verändert. Irgendwann hat mein Vater vielleicht das Erlebnis des verlorenen Sohnes, der wieder nach Hause kommt, gehabt, als ich mich nach über acht Jahren totalen Schweigens und absoluten Wegseins eines Tages bei ihm zurückmeldete. Die Zeit, die dazwischen lag, war allerdings alles andere als ein Märchen. Wenn Sie so wollen, bin ich der Hexe tatsächlich begegnet oder besser: den Hexen, und da es kein zu ›mageres Fingerchen‹ war, was ich anzubieten hatte, wurde ich von ihnen vernascht wie Häberleins bester Lebkuchen. Ich glaube aber auch, dass ich damals anfing, etwas von mir selber zu entdecken. Ich wurde hart, abweisend, misstrauisch, rücksichtslos und glaubte nur noch an das, was ich anfassen, sehen, riechen und schmecken konnte.«

Er sah mich etwas verschmitzt lächelnd an und sagte: »Vielleicht ist so ein Stückchen Hexe in mich gefahren – Knusperhexe: Knusper, knusper, kneischen, wer knuspert an meinem Häuschen? Sie wissen, woher das stammt?«

Als ich nickte, fuhr er fort mit seinem Monolog: »Vielleicht war es tatsächlich auch eine Gretel, die mir, zumindest aus diesem Hexenkessel, heraushalf, aber ich war ja nun auch kein Kind mehr, und sie hat eine schwere Zeit mit mir durchgehalten – sie ist heute meine Frau, und ich habe gelernt, was es heißt, zu lieben und geliebt zu werden. Ich musste lange und schwer arbeiten, um so etwas wie einen Schatz zu meinem Vater mit nach Hause bringen zu können.«

Dieses Gespräch, das so unerwartet intensiv unter der Symbolchiffre von Hänsel und Gretel stattgefunden hatte, endete mit den Worten: »Merkwürdig, wie anders so eine Kindergeschichte aussehen kann, wenn man sie durch die Brille eines Erwachsenen ansieht.«

Ich blieb noch lange nachdenklich sitzen und sann diesem Stück Lebensgeschichte nach, die so seltsam verschlungen zu sein schien mit Vater, Stiefmutter, weggeschickt werden, Hexendrohung und – sich selbst finden. Ob der Vater dieses Mannes wohl wusste, wie bedeutungsvoll und schicksalhaft seine Rolle im Leben seines Sohnes gewesen ist? Und was hatte es zu bedeuten, wenn die kleine Jasmine auf die Frage des Vaters sagt: »Nichts«?

Auch im nächsten Elterngespräch mit Vater Christian und Mutter Ingeborg entzündete sich der Dialog an der Frage des Mutter- und Vaterseins. Nicht zufällig war es wohl die temperamentvolle Ingeborg, die ihrer Empörung wieder

Luft machen musste mit dem: »… nein, das kann ich einfach nicht glauben. So etwas tut eine Mutter doch nicht. Und was heißt überhaupt Stiefmutter?« Es war nicht so ganz sicher, ob es nur der Zorn oder eine tiefere Beunruhigung war, die ihr die Tränen in die Augen steigen ließ.

Ich musste an die vielen »Stiefmütter« denken, Mütter, die Kinder adoptiert hatten, weil sie selber keine Kinder bekommen konnten; an Pflegemütter von Waisenkindern; an Krankenschwestern, die mütterlich, aber eben auch sehr stiefmütterlich sein können; vor allem aber an all die Stiefmütterlichkeiten, die im Alltag in jeder Frau auftauchen können, wenn sie überfordert ist oder schlechte Laune hat. Denn es ist völlig natürlich, dass Menschen, die immer zusammen leben, dem anderen gelegentlich den Tod wünschen: »Ich könnte dich umbringen«, oder ihn vor Wut an die Wand knallen möchten. Sicherlich ist es besser, sich solche Dunkelheiten zuzugeben, als sie auf das Böse zu projizieren, das ständig überall in der Welt geschieht. Für jeden gibt es die Stunde der Not, aus der man keinen Ausweg mehr zu sehen glaubt. Immer wieder kann man sich im Wald verirren, sich vollkommen allein und verloren fühlen. Und immer wieder muss man versuchen, den Weg zu finden, um aus dem Haus der Hexe von neuem aufbrechen zu können mit Hilfe der Schätze, die man dabei finden kann.

Bei allem Negativen, das sich mit dem Namen »Stiefmutter« verbindet, ist es gerade das Stiefmütterliche in der Frau, das sie fähig macht, das nicht selbst Geborene aufzunehmen. Es macht sie auch fähig zur Trennung, zum Wegschicken, wann immer dies notwendig ist und das dem *Muttersein* so schwer fällt. Es steht als wichtige Fähigkeit polar zum Hexenhaften, das klein hält (im Ställchen), also festhalten und letztlich fressen will.

Es ist das Verdienst von C. G. Jung, dass er gerade in den Gestalten des Vaters und der Mutter die Urbilder der menschlichen Seele erkannte, in denen auch das Erfahrungsgut am mütterlichen und väterlichen Erlebnis seine tiefste Matrix gefunden hat. Von daher ist das kollektive Bild des Vaters und der Mutter dem Menschen, lange bevor er die Eltern bewusst wahrzunehmen vermag, vorgegeben. Diese Bilder enthalten auch alle Urbedürfnisse und Urwünsche, die ungefiltert auf die persönlichen Eltern projiziert werden, die aber auch, wenn diese Projektionen im Laufe der natürlichen altersmäßigen Entwicklung zurückgenommen werden, die Basis darstellen für die religiösen Bedürfnisse nach Gott und den Göttern.

Genauso wie Mutter Ingeborg weisen im allgemeinen alle Frauen und Mütter das Thema und den Begriff der Stiefmutter weit von sich und klammern sich an die gute Tat, die alle Schuld immer wieder aufheben muss. Auch Mutter Ingeborg hatte hohe Ideale und stellte dementsprechend hohe Forderungen an sich. Aber auch ihr unterlief eben im Alltag das Falsche, das Ungerechte, das Gereizte, das Stiefmütterliche. Gerade deswegen auch, weil sich in den geheimen Ecken immer wieder etwas ansammelte, was erst beim größeren Seelenputz wieder einmal ausgeräumt werden konnte, musste sie vor der nackten Wahrheit dieser Märchenfigur so affektiv zurückweichen.

Marie-Louise von Franz schreibt in ihrem schönen Buch »Das Weibliche im Märchen«: »In einem Haus, in dem die Mutter herumschreit, dass sie sie alle zum Teufel wünscht, können die Kinder strahlend aussehen und blühen, weil: … diese Frau auf ihre Weise ihrem Tao entspricht. Ihr positiver Instinkt nährt die Kinder mit einer positiven Lebensessenz, die ihnen Sicherheit verleiht, auch wenn sie ihnen sagt, dass sie eine Teufelsbrut und völlig unerträglich seien.«

Im allgemeinen aber ist die Stiefmutter der Müllhaufen aller Wegwerf-Eigenschaften, die man an einer Mutter finden kann. Gerade die Märchen sind es, die viel dazu beigetragen haben, das Stiefmutter-Sein in Misskredit zu bringen. Das Wort Stiefmutter hat eine fast durchgängig zu beobachtende negative Wirkung und ist sogar in der Lage, unbewusste Schuldkomplexe anzustoßen. Jede Frau wehrt sich dagegen, mit diesem Wort bezeichnet zu werden, selbst wenn sie tatsächlich eine »Stiefmutter«, also nicht die persönliche Mutter eines Kindes ist. Psychologisch mag das damit zusammenhängen, dass sich das Wort fast unmittelbar mit einem dahinterliegenden Todesereignis verbindet. Das wird ganz deutlich, wenn man der Wurzel des zusammengesetzten Wortes Stiefeltern oder Stiefmutter oder auch Stiefvater und Stiefkind auf den Grund zu kommen versucht. Sie wird im Althochdeutschen am deutlichsten: »stuifen« bedeutet so viel wie »jemanden seiner Angehörigen berauben«. Denn für das Kind bedeutet es ja tatsächlich, eines persönlichen Elternpaares oder Elternteiles beraubt zu sein. Dabei ist es in der Tat interessant, dass das Wort Stiefvater sehr selten vorkommt. Zum Beispiel fehlt es in den alten Überlieferungen der Märchen fast völlig, und auch im allgemeinen Sprachgebrauch spielt es kaum eine Rolle. Das mag damit zusammenhängen, dass in der frühen Menschheitsgeschichte die Frauen im allgemeinen ihrem Ehemann in den Tod zu folgen hatten. Beim Tod der Ehefrau konnte der zurückbleibende Ehemann sich eine zweite Frau nehmen oder sollte es sogar tun. Ohne dass es besonders auffällt, gilt es bis zum heutigen Tage, dass man es einem Ehemann nicht verübelt, wenn er nach dem Tode seiner Frau wieder heiratet. Während bei einer verwitweten Ehefrau dann doch von so etwas wie mangelnder Liebe oder – um aus der ganz konkreten Praxis zu sprechen – von Erleichterung und Befreiung beim Tod des Ehemannes gemunkelt wird. Wie die Praxis immer wieder zeigt, wird eine »neue Mutter« nun aber tatsächlich mit ganz besonders sorgsamen Augen beobachtet. Nicht nur von den Nachbarn und Verwandten, sondern vor allem von anderen eifersüchtigen Frauen und unter Umständen auch von den Kindern, die sie nun »stiefmütterlich« betreut. Mehr oder weniger unbewusst geschieht dies aber auch vom eigenen Ehemann und – in oft quälender Weise – durch den archetypischen Mutterkomplex in solch einer Frau selber. Hier liegt der äußerst heikle Punkt in allen Entscheidungen zu einer Adoption, zum Beispiel bei eigener Kinderlosigkeit. Bei der Adoption von Waisenkindern, bei der Übernahme der Versorgung halbverwaister Kinder, bei der Heirat mit deren Vater und letztlich bei mütterlicher Betreuung alles dessen, was man nicht selber geboren hat, überall kann sich die heimliche Frage einschleichen: Wenn es aus mir gekommen wäre, wäre es besser; wenn es mein Blut wäre, würde dieses nicht geschehen. Warum durfte es nicht in mir wachsen, da ich doch in der Lage bin, sogar Fremden Mutter zu sein? Dies tritt ganz besonders heftig auf, wenn eine solche Frau vielleicht gerade nach einer Adoption selber schwanger wird und ein eigenes Kind zur Welt bringt. Die Vernachlässigung des fremden Kindes muss sich durchaus nicht in einem Mangel an äußerer Versorgung äußern, ganz im Gegenteil, hier kann sogar ein ganz besonderer Aufwand getrieben werden. Sehr oft aber ist es dann so, dass im Unbewussten ein immer mehr zunehmender Hass gegen die »fremde Brut« wächst, der von allem und jedem, was ein solches Stiefkind dann falsch macht, was misslingt, was als Auflehnung in seine natürliche Entwicklung gehört, was anders ist, als eine solche Stiefmutter es möchte, es wünscht, es haben will, in gefährlicher Weise genährt wird.

Es gibt viele Märchen, in denen die Stiefmutter das Stiefkind quält, verleumdet, wegschickt, es mit Arbeiten überlastet oder ihm einen Auftrag gibt, bei dem der Todeswunsch kaum verborgen ist. Oft erhalten diese Kinder dann Schutz und Hilfe von der verstorbenen Mutter, die bei Säuglingen meist nachts auftaucht, um sie zu stillen, oder in anderer, geheimnisvoller Weise (siehe z. B. Aschenputtel) ihre Kinder mit segnendem Schutz umgibt.

Zu den wohl eindrucksvollsten Schilderungen in diesem

Zusammenhang gehören die beiden Meisterwerke der Weltliteratur: »Die Elenden« von Victor Hugo und »Dombey und Sohn« von Charles Dickens. In den beiden großangelegten Romanen werden Vater und Mutter, Väterliches und Mütterliches, Stiefväter und -mütter sowie Kinder und Waisenkinder mit hoher dichterischer Intuition zum lebendigen Bild verdichtet. In beiden Romanen sterben die Mütter, und in beiden Romanen gibt es sehr böse Stiefmütter. Sowohl Charles Dickens als auch Victor Hugo entwarfen ein ungewöhnlich tiefreichendes Psychogramm des Mannes, des Vaters, des männlichen Menschen und seines In-der-Welt-Seins. Das Vorwort von Victor Hugo zu seinem Buch umfasst alle Dimensionen: »Solange noch nach Gesetz und Sitte eine soziale Verdammnis besteht, die künstlich inmitten der Zivilisation Höllen schafft und durch den Zwang menschlichen Unheils die Fäden des Schicksals, das göttlich ist, verwirrt, solange die drei Probleme des Jahrhunderts, die Erniedrigung des Mannes durch das Proletarier-Dasein, das Sinken der Frau durch den Hunger, die Verkümmerung des Kindes durch das Elend, nicht bewältigt sind, solange mit anderen Worten in gewissen Gegenden der soziale Erstickungstod möglich ist, und unter einem noch weiteren Gesichtspunkt, solange es auf Erden Unwissenheit gibt und Elend, können Bücher von der Art dieses nicht ohne Wert sein.«

Bei dem genialen Entwurf von Victor Hugos Buch »Die Elenden« muss jeder Psychotherapeut an die vielen erschütternden Anamnesen von Kindern oder von Kindheit denken, wenn er den entsetzlichen Leidensweg des kleinen Mädchens Cosette und ihrer unglückseligen Mutter Fantine liest. »Die Güte der Mutter wird in dem Frohsinn ihres Kindchens« sichtbar, heißt es da, aber nur so lange, wie Cosette bei der Mutter war – nämlich bis zu ihrem dritten Lebensjahr. Dann kam das kleine Mädchen zu den »Thenardiers«, den barbarischen Stiefeltern. Aber das Buch zeigt auch den Galeerensträfling Jean Valjean, der zum Stiefvater dieses Kindes wird und den Vater-Auftrag wie einen großen Schicksalsentwurf Schritt für Schritt gestaltet, erleidet, erarbeitet und beendet – ein völliger Gegensatz zu dem Hänsel-und-Gretel-Vater.

Charles Dickens schildert einen Vater, dessen eiskalte, aber abgöttische Liebe zu seinem Sohn diesen tötet und der am Ende einer furchtbaren Odyssee von seiner von ihm gehassten, verachteten und aus dem Haus gewiesenen liebreizenden Tochter erlöst und in eine menschliche Beziehung hineingeführt wird.

Die erste Nacht

Als sie mitten in den Wald gekommen waren, sprach der Vater: »Nun sammelt Holz, ihr Kinder, ich will ein Feuer anmachen, damit ihr nicht friert.« Hänsel und Gretel trugen Reisig zusammen, einen kleinen Berg hoch. Das Reisig ward angezündet, und als die Flamme recht hoch brannte, sagte die Frau: »Nun legt euch ans Feuer, ihr Kinder, und ruht euch aus, wir gehen in den Wald und hauen Holz. Wenn wir fertig sind, kommen wir wieder und holen euch ab.«

Hänsel und Gretel saßen am Feuer, und als der Mittag kam, aß jedes ein Stücklein Brot. Und weil sie die Schläge der Holzaxt hörten, so glaubten sie, ihr Vater wäre in der Nähe. Es war aber nicht die Holzaxt, es war ein Ast, den er an einen dürren Baum gebunden hatte und den der Wind hin und her schlug. Und als sie so lange gesessen hatten, fielen ihnen die Augen vor Müdigkeit zu, und sie schliefen fest ein. Als sie endlich erwachten, war es schon finstere Nacht. Gretel fing an zu weinen und sprach: »Wie sollen wir nun aus dem Wald kommen!« Hänsel aber tröstete sie: »Wart nur ein Weilchen, bis der Mond aufgegangen ist, dann wollen wir den Weg schon finden.« Und als der volle Mond aufgestiegen war, so nahm Hänsel sein Schwesterchen an der Hand und ging den Kieselsteinen nach, die schimmerten wie neugeschlagene Batzen und zeigten ihnen den Weg. Sie gingen die ganze Nacht hindurch und kamen bei anbrechendem Tag wieder zu ihres Vaters Haus. Sie klopften an die Tür, und als die Frau aufmachte und sah, dass es Hänsel und Gretel war, sprach sie: »Ihr bösen Kinder, was habt ihr so lange im Wald geschlafen; wir haben geglaubt, ihr wolltet gar nicht wiederkommen.« Der Vater aber freute sich, denn es war ihm zu Herzen gegangen, dass er sie so allein zurückgelassen hatte.

Als die Familie sozusagen am »Tatort« angekommen ist, mutet es zunächst wie ein feierliches Ritual an, dass nach der Weisung des Vaters Holz gesammelt wird, aber gleichzeitig auch wie ein Scheiterhaufen, wenn die Kinder das Holz zu einem »kleinen Berglein« anhäufen. Der Vater entzündet die Flamme, die »hoch brannte«! Sie wirkt wie ein Fanal der Lebensflamme, könnte aber auch, wenn der Wald selber dadurch in Flammen geriete, für alle zugleich den Tod bedeuten. Der Vater aber verspricht Wärme. Man könnte es symbolisch verstehen und meinen, er bringe Licht in des Waldes Dunkel. Vielleicht ist es auch ein unbewusster Versuch, den Kindern zu sagen: Ich gebe euch Wärme und Licht, fürchtet euch nicht. Aber die Worte der Frau – sie wird ja nie Mutter genannt – legen sich wie ein magischer Zauber um die Flamme: »Legt euch hin.« Mit anderen Worten: Bleibt unbewusst und schlaft – so wie Dornröschen einschläft im Banne des bösen Zaubers.

Der Konflikt der Eltern wird hier sehr deutlich: Im Grunde genommen möchte der Vater die Kinder am Leben erhalten, die Mutter aber an ihrem Beschluss festhalten. Beide spielen sie nun ihre Rolle im Lebensspiel, dessen Anfang sie zu bestimmen schienen, dessen Verlauf und Ziel sie aber nicht mehr kennen. Und auch die beiden Kinder unterliegen dem unbekannten Wegimpuls. Aller natürliche Spiel- und Bewegungstrieb ist verschwunden, und bis auf das erlaubte Essen des Brotes lauschen sie nur auf den Ton der Holzaxt, die durch einen im Wind schlagenden Ast simuliert wird. Selbst dazu vermögen die Waldkinder keinen Realitätsbezug mehr herzustellen. Der Schlaf löscht schließlich die Ich-Bewusstseinsinstanz vollkommen und überbrückt den Weg in die Nacht.

Tötet Armut die Beziehung? Weckt Armut das Haben-Wollen, was der andere besitzt? Ist Armut vielleicht das innerste Thema dieses Märchens? Macht Armut auch das Ich arm? Und schneidet sie es ab auch von den inneren Reichtümern?

Manchmal aber ist es ja gerade die Armut, die schöpferische Möglichkeiten enthält und Neues entstehen lässt. Solange alles in den Besitz strömt, läuft der Reichtum von einem weg in die Außenobjekte. Ob tatsächlich die tiefe östliche Weisheit vom unendlichen Reichtum des Nicht-Habens die letzte Erfahrung des reif werdenden Menschen ist?

Aber das stille Heldentum dieser beiden kleinen Kinder und die Überwindung von Angst und Not bleiben unbemerkt. Die Mutter schimpft und wehrt ihre eigene Schuld ab, indem sie sie den »bösen Kindern« zuschiebt – wie so oft im täglichen Leben. Der Vater gibt seinen eigentlichen Gefühlen Ausdruck, »denn es war ihm zu Herzen gegangen, dass er sie so allein zurückgelassen hatte«. Man muss sich wieder wundern, dass ein erwachsener Mann sich so bestimmen lässt von seiner Frau, sich so sehr einengen lässt auf eine Verhaltensschiene, die doch offensichtlich nicht seiner inneren Tendenz zu entsprechen scheint. Dieses Verhaltensbild ist weit entfernt von dem Modell des entschiedenen bewussten Wesens eines Mannes, und dennoch steckt in diesem Hinweis ein Stück Lebensrealität, wie man sie nur allzu oft im Alltag hört. Meist sind es die Frauen und Mütter, die klagen, dass der Ehemann, der Partner oder der Vater, uninteressiert, inaktiv und an die Partnerin oder Mutter delegierend abwehrt, was ihn über den Beruf hinaus fordert. Es sieht so aus, als würde er die menschliche Leistung der Beziehung, besonders die zu seinen Kindern, nicht mit einbeziehen in seinen Lebensalltag. Kinder sind »Sache der Mütter«. Alles, was gut ist, stammt von ihm, was misslingt, ärgert oder stört, ist das Werk beziehungsweise das Nicht-Können der Mutter. Es kommt hier vielleicht die Erinnerung an den »alten Adam«, der immer wieder aus dem Schattenbereich der Seele auftaucht und der auch der Verführung durch das Weib nicht widerstehen konnte, als er den Apfel der Unterscheidung zwischen gut und böse aß. Darum kann er für das Böse, das nun von ihm ausgeht, nicht selber einstehen und es lassen oder seine ganze Kraft dagegen einsetzen. Denn er weiß es im Grunde genau: »Es wäre besser, dass du den letzten Bissen mit deinen Kindern teiltest.« Aber er unternimmt nichts. Die Eltern haben anscheinend beide nichts gelernt, nichts hinzugewonnen durch die Trennung und Wiederkehr. Sie haben ihre sowieso nur halb bewussten Schuldgefühle verdrängt. Die Not hat sie in ihrem kalten Griff. Der Selbsterhaltungstrieb, der sich so rücksichtslos bei der Mutter äußert, erzwingt die Notlösung. Der große Verwandler Tod wird für die Kinder beschworen.

Wenn mir das Wort »Wald« begegnet, fällt mir immer wieder einmal der Satz eines kleinen Jungen ein, der mir von seinen Ängsten erzählte, die besonders dann auftraten, wenn er allein war oder nachts im Dunklen, wenn er aufwachte aus seinem Traum. Er erzählte mir einen Traum und begann mit dem rätselvollen Wort: »Das war im Wald – nachts – wissen Sie, nachts ist es im Wald heller als am Tage, da sieht man mehr, als wenn die Sonne scheint, dann ist es im Wald nämlich dunkel.«

Er machte eine kleine Pause, in der ich der hintergründigen Philosophie und umfassenden Symbolik dieser kindlichen Intuition nachlauschen konnte; diesem ganzheitlichen Gegensatz von heller Nacht im Wald und dunklem Wald im Sonnenschein – und staunte wieder einmal über die geistige und materielle Wahrnehmungsfähigkeit des Kindes.

»Ja, und dann«, erzählte Daniel weiter, »kam ein Wagen, eigentlich habe ich ihn nicht gesehen, ich habe nur gehört, dass die Räder sich drehten, und es klopfte etwas auf den

Boden, wie Schritte, und dann kam schreckliche Angst. Ich konnte aber nicht laufen und habe geschrien und bin aufgewacht.« Und wieder nach einer Pause ergänzte er noch: »Aber die Mami hat nicht gern, wenn ich sie nachts störe, weil der Vati dann wütend wird.«

Auf die Frage, wer denn in dem Wagen sitzen könnte, wusste er zunächst keine Antwort. Erst über die Angst, und wovor man denn im Wald Angst haben könnte, fielen ihm »die Hexe oder ein Zauberer oder der Teufel« ein. »Aber die gibt es ja gar nicht«, tröstete er sich selbst, korrigierend seine Phantasien beurteilend. Das klang allerdings gegenüber dem, was er vorher, so nahe seinem Traumbild, geäußert hatte, sehr künstlich aufgesetzt und vokabelhaft gelernt.

Mir fiel zu seinem Traumbild die schöne Legende von der Mutter Erde ein, die auch von Jakob Grimm berichtet wird in seinem »größten Werke der nationalen Selbstbesinnung und Selbsterkenntnis«, das er selber »Deutsche Mythologie« nannte. Überall in der ganzen Welt wird die Erde oder auch der Wald als große Göttin, als »gebärende, fruchtbringende Mutter« verehrt. In Deutschland glaubte man in früherer Zeit tatsächlich, dass sie sich in die menschlichen Dinge mischt und zu den Menschen gefahren kommt. »Auf einem Eiland des Meeres liegt ein unentweihter, ihr geheiligter Wald, da stehet ihr Wagen mit Decken umhüllt, nur ein einziger Priester darf ihm nahen. Dieser weiß es, wann die Göttin im heiligen Wagen erscheint; zwei weibliche Rinder ziehen ihn fort, und jener folgt ehrerbietig nach. Wohin sie kommt und zu herbergen würdigt, da ist froher Tag und Hochzeit, da wird kein Krieg gestritten, keine Waffe ergriffen, und das Eisen verschlossen. Nur Friede und Ruhe ist dann bekannt und gewünscht; das währt so lange, bis die Göttin genug unter den Menschen gewohnt hat und der Priester sie wieder ins Heiligtum zurückführt. In einem abgelegenen See wird Wagen, Decke und Göttin gewaschen; die Knechte aber, die dabei dienen, verschlingt der See alsbald. Ein heimlicher Schrecken und eine heilige Unwissenheit sind daher stets über das gebreitet, was nur diejenigen anschauen, die gleich darauf sterben.«

Dem kleinen Daniel begegnet im Traum auch ein numinos anmutendes Geheimnis. Er ahnt den Wagen, obwohl er ihn gar nicht sieht, vermutlich eben auch nicht sehen darf, da das Geheimnis unsichtbar bleiben muss. Er hört sein Herannahen, und die große Angst packt ihn wie eine Geburtswehe, aus der er sich wie mit einem Geburtsschrei an die Oberfläche seines Bewusstseins kämpft.

Die natürliche Reaktion, zur Mutter zu laufen, wird aber abgebremst. Irgendwo ahnt er wohl, dass das Bett der Mutter nicht mehr ein Fluchtplatz sein kann, sondern dass sein nächster Innenschritt ihn vom mütterlichen Wachstumsgrund der Seele und des Unbewussten stärker in die männlichen Kraftfelder des Bewusstseins führen muss. Er ist nicht mehr unwissender »Knecht und Diener der Göttin«, sondern muss zum Wegführer und Beschützer seiner eigenen schöpferischen Möglichkeiten heranreifen.

Auch Hänsels und Gretels »Einweihungsweg« beginnt im Wald. Aber wie anders hört sich die Waldbeschreibung im Märchen an als im Mythos, wo er als heiliger Schöpferort der großen Göttin beschrieben wird. Ob sie es wohl ist, die im Geheimnis der Nacht ihren Schutzmantel um die Kinder breitet?

Wie auch schon in der Nacht davor werden die Kinder nun wach, als könne ihr eigentliches Wesen sich erst im Lichte des Mondes entfalten. Es ist der volle Mond, der früher die nächtliche Sonne genannt wurde und dessen rundes »Gesicht« die Menschen die Gottesidee ahnen ließ. Mit der Sicherheit des Kindes, das der eigenen Tat vertraut und vielleicht noch in der Wahrheit der Gotteskindschaft steht – »Gott wird uns helfen« –, geht Hänsel den Weg zurück, an seinen steinernen Wegweisern vorbei. Gretel war an diesem Tag zur Trägerin des Lebensbrotes geworden, das ihr die

Mutter gab, und Hänsel entdeckt nun die Gültigkeit des Steines. Unbewusst wählte er ihn im Lichte des Mondscheins und fand in ihm ein geheimes Symbol des absoluten Seins der Unvergänglichkeit. Man könnte an ein altes Wort denken, das in der Bibel steht: »Wer Ohren hat, der höre, was der Geist den Gemeinden sagt. Wer überwindet, dem will ich zu essen geben von dem verborgenen Manna und will ihm geben einen weißen Stein, und auf dem Stein einen neuen Namen geschrieben, welchen niemand kennt, als der ihn empfängt« (Offenbarung 2,17).

Wälder sind von jeher heilige Orte gewesen, in denen die Natur als noch unverbrauchte Wachstumsenergie dem Menschen die Gottesnähe signalisierte. Er war immer dämonisch, gefährlich und urmächtig. Psychologisch betrachtet, kann das Leben des Waldes ein Symbol für noch ungeformte schöpferische Energien darstellen. Im Wald sein, in den Wald gehen, den Tieren oder anderen Wesen dort begegnen heißt: sich mit den unbewussten Inhalten der eigenen Seele auseinanderzusetzen, mit den Instinkten und Trieben ebenso wie mit schöpferischen Impulsen, und sie mit Hilfe des Ich-Bewusstseins in die Gestaltung zu überführen.

Das Wesen des Waldes aber wird bestimmt durch den Baum. Die Bäume – Lebensbaum und Schicksalsbaum – sind mit ihren in die Tiefe der Erde dringenden Wurzeln und den hoch in den Licht- und Himmelsraum reichenden Ästen selber wie das Ur-Elternpaar: Mutter Erde und Vater Himmel. Darum sind Bäume in den Märchen oft die Orte, wo Entscheidung, wo Weg-Anfang oder Weg-Ende sich ereignen.

Die Märchenerzähler von damals haben mit Sicherheit noch nichts von Tiefenpsychologie gewusst, aber in ihrem Wissen lagen die archetypischen Schichten menschlichen Werdens und Seins ebenso verborgen wie in jedem Menschen heute und mischten sich in ihre Worte, in ihre Bilder und Phantasien. Sie gaben weiter, was sie von Eltern und Großeltern über das Wort geerbt hatten, und fügten hinzu, was sich aus ihrer eigenen Lebensphilosophie ergab.

Die älteste und weiseste Mutter aber, die in den alten Religionen als große Göttin verehrt wurde, wurzelte im Schoßbereich der Natur. Der Weg weg von der »Stiefmutter« von Hänsel und Gretel musste daher in den heilen und heilenden Bereich des unergründlichen Lebensraumes des Waldes vorstoßen, um hier in der Konfrontation mit der Todesschwelle mit den eigenen, tiefsten Wurzeln in Kontakt zu kommen. Es ist in diesem Zusammenhang interessant, dass die verschiedenen natürlichen Ablösungsschritte des werdenden Menschen: die Geburt aus dem Mutterschoß, das Abgestilltwerden von der Mutterbrust, das Kopfheben und -halten, das Sitzen und Gehen, das Sprechen, die Trotzphase des Widerstandes gegen das Übergewicht der Eltern, also die Schritte zur Ich-Bildung, das Motiv des Heldentums und Heldenkampfes enthalten. Die eigene Welt unter der mächtigen Schutzchiffre »Gott wird uns schon helfen« muss im Ich-Bewusstsein erfahren und dadurch zu der ganz besonderen Identität der Ich-Instanz entwickelt werden.

Wenn diese natürliche, psychische Wachstumsphase durch enttäuschte, verärgerte oder unreife Eltern gestört, verhindert, zerschlagen oder jeder Trotz gebrochen wird, kann sich ein solches Kind unter Umständen nur sehr schwer zu einer ich-starken Persönlichkeit entwickeln. Auf diese Weise entstehen die Feiglinge, die Verräter und die Versager, die nicht wagen, ihren eigenen Standpunkt zu vertreten, wenn er einer kollektiven Meinung entgegensteht, aber auch die, die einer Autorität gegenüber nicht standhalten können und in der Welt ständig Angst haben.

Dabei ist es eine merkwürdige Beobachtung, dass gerade Kinder, von denen die Eltern erzählen, dass sie große Ängste haben, diese Ängste vor Fremden oft total verdrängen und nicht wahrhaben wollen. Hier heißt es im Familienkanon: Wer Angst hat, ist feige, wer Angst hat, ist dumm. Aber hier sitzen die Ängste dann auch tief im Unbewussten und können nur noch über das symbolische Spiel oder durch körperliche Symptome bemerkbar gemacht werden. Hinter Krankheiten solcher Kinder stehen immer die heftigsten Aggressionen gegen sich selbst und andere. Diese Kinder neigen auch zu Unfällen und verletzen sich häufig. In ihrem Spiel aber taucht der Massenmord mit unerbittlicher Härte und in unerschöpflichen Variationen auf. Es ist so, als könnte erst das stumme Schlachtfeld die Angst im Kind vorübergehend in ein totales Nichts verschlucken. Angstkinder gelten fast immer als besonders aggressiv, widerspenstig und streitsüchtig, weil sie sich ständig in einem Wechsel zwischen Angst und Verteidigung erleben.

Die Mütter dieser Kinder tragen tiefes Leid, weil sie die Söhne nicht verstehen. Die Väter fühlen sich zutiefst entwertet, weil der symbolische Vorwurf des Sohnes letztlich heißt: Du hast im richtigen Augenblick versagt, weil du selber Angst hast. Du aber hast die Angst nicht als Lebensbegleiter, sondern als Lebensfeind ein ganzes Leben lang behalten und an mich weitervererbt.

Wer A sagt, muss auch B sagen

Nicht lange danach war wieder Not in allen Ecken, und die Kinder hörten, wie die Mutter nachts im Bett zu dem Vater sprach: »Alles ist wieder aufgezehrt, wir haben noch einen halben Laib Brot, hernach hat das Lied ein Ende. Die Kinder müssen fort, wir wollen sie tiefer in den Wald hineinführen, damit sie den Weg nicht wieder heraus finden; es ist sonst keine Rettung für uns.« Dem Mann fiel's schwer aufs Herz, und er dachte: Es wäre besser, dass du den letzten Bissen mit deinen Kindern teiltest. Aber die Frau hörte auf nichts, was er sagte, schalt ihn und machte ihm Vorwürfe. Wer A sagt, muss auch B sagen, und weil er das erstemal nachgegeben hatte, so musste er es auch zum zweitenmal.

Im Gegensatz zu den sonst üblichen dreimaligen Ansätzen beschränkt sich der Versuch der Eltern, die Kinder loszuwerden, in diesem Märchen auf zweimal. Auch hier taucht also wieder die Zwei auf, so dass man annehmen muss, dass sie ein besonderes Signal für das eigentliche Geheimnis dieses Märchens sein soll. Das Thema bleibt im Zweifel hängen, und man weiß noch nicht, ob es ein drittes Mal geben wird, oder ob die Lösung, die sich so häufig im dritten Aufbruch anbahnt, gefunden werden kann. Psychologisch handelt es sich wohl um das Thema des inneren Einsseins, das ja aus der Verbindung zwischen dem Ich-Bewusstsein und dem Unbewussten bestehen sollte. Die Schärfe der Anfangskonturen wird nun aufgeweicht, die lapidare Armut in Tat und Wort weicht wie ein bisher unsichtbarer Vorhang zurück, ein ganz neues Panorama wird sichtbar, dennoch aber anknüpfend an eine der Anfangschiffren: essen oder gefressen werden.

Und noch einmal wird hier der Vater gezeigt, wie er sich im Widerspruch mit sich selbst erlebt, ohne zu seiner eigentlichen Wahrheit vorzudringen. Schon im ältesten Kulturraum der Menschheit, in Sumer, kannte man den Begriff Ada, das bedeutete »der Entscheider«. Er war der Vater, aber er war auch der, der über den Weg entschied, den man gehen musste zu den Büffelherden oder anderen Orten, an denen Nahrung für die Frau und die Kinder zu finden war. Und bei den Ackerbauern war es immer der Mann, der den Boden mit der Pflugschar öffnete und den gefährlichen Stier führte, der so schwer zu bändigen war. So wurde auch die abnehmende Mondsichel mit dem Himmelspenis gleichgesetzt, der die Erde fruchtbar machte, während die zunehmende Mondsichel den gebärenden Schoß darstellte, aus dem die nächtliche Sonne in den aufgehenden Morgen geboren wurde. Und so geht der Mann auch heute noch morgens zur Arbeit und kehrt abends zurück.

Aber für den Vater und die Mutter von Hänsel und Gretel folgt dann keine Liebesnacht, die ihr Lebensglück bestimmen könnte, sondern die Mutter fällt nachts den tödlichen Richterspruch: »Die Kinder müssen fort.«

Natürlich haben die Kinder auch dieses Mal wieder gehört, was die Eltern besprachen. Naiv meint Hänsel, er könne einfach wiederholen, was einmal glückte. Aber dieses Mal ist die Tür von der wachsamen Mutter verschlossen, und noch einmal gibt Hänsel sich in die Hände des Vatergottes. Dieses Mal aber verliert er seine Führungskompetenz. Das Naturkind, das mit Pflanzen und Tieren von früh an aufwächst, müsste wissen, dass die Brotkrumen, die es auf den Weg krümelt, von Vögeln und anderen Tieren aufgegessen werden. Hier muss ein besonderer Zauber ihn blind gemacht haben für den Weg in den Wald.

Vielleicht taucht hier im Hintergrund ein anderes Märchenmotiv auf, das von den Tieren in Not, die zuerst verachtet oder sogar getötet werden, wenn sie um Hilfe bitten, und dann von den Mitleidigen, Bescheidenen gefüttert oder gerettet werden. Sie sind später oft die Retter und Helfer bei dem Kampf um die Kostbarkeiten, sind Wegfinder und Wissende. Vögel sind dabei in ganz besonderer Weise Boten des Geistes und spiritueller Weisheiten.

Die Frau hat jedenfalls ihren Plan entworfen, der so unabänderlich erscheint, dass man sich fragen kann: Ist hier mehr gemeint als soziale Ungerechtigkeit oder ein negativer Mutterkomplex oder ein Märchenkrimi? Die Bindung nach rückwärts wird jedenfalls abgebrochen. Die nackte, brutale Einseitigkeit dieser Frau wirkt so krass, dass es schwer wird, sie mit einem lebendigen Menschen in Verbindung zu bringen. Die meisten Mütter oder auch solche Frauen, die gerne Mütter wären, finden sie ungeheuerlich und meinen, so etwas könne in Wirklichkeit überhaupt nicht geschehen. Sicher geschieht es nur ganz selten, dass sich eine Frau zu solchen Gedanken oder Wünschen offen bekennt. Träume sind manchmal die Verräter, aber eben auch die Wegweiser zu solchen unbewussten oder abgewehrten Gedanken und Gefühlen. Da verletzen sich im Traum der Mutter die eigenen Kinder oder sie ertrinken, weil man gerade eben nicht aufgepasst hat, oder sie werden geraubt, weil man sie irgendwo im Auto zurückgelassen hat, oder sie gehen auf einem Wanderweg verloren – und voller Angst wacht man auf. Es sind ängstliche und besorgte Mütter, die solche Träume haben, die wenig Freiheit lassen, die unbewusst zurückhalten wollen. Vor lauter Verhinderung merken sie nicht, dass sie einengen. Sie erleben sich aber als besonders sorgend und liebevoll.

Ich erinnere mich an den Traum eines zehnjährigen Jungen, dessen beginnende Vorpubertät sich für die Eltern wie das Wiederaufflammen der ersten Trotzphase darstellte und besonders bei der Mutter große Enttäuschung hervorrief. Der Traum hatte folgenden Bildablauf:

»Ich träumte, dass ich schnell durch eine Straße lief, etwas verfolgte mich. Es kam immer näher. Ich rannte immer. Aber es kam immer näher. Es war ein Wolf. Er wollte mich fressen. Und dann war da auf einmal die Haustür offen. Und plötzlich hielt mich jemand fest. Ich dachte, es wäre der Wolf – und da war es meine Mutter. Ich habe laut geschrien, da kam mein Vater und rettete mich.«

Wolf und Mutter sind hier beinahe dieselbe Gestalt, so als wäre das Wölfische auch in ihr. Dabei war auch diese Mutter vom Bewusstsein her liebevoll und hilfreich. Aber es ist im Traum des Sohnes der Vater, der ihn vor dem fressenden Zugriff der wölfischen Mutter retten muss. Die Mutter selber aber träumt, dass dieser so sehr geliebte Sohn gekidnappt wird und dass sie ihr eigenes Herz als Zahlung geben müsse, wenn er wieder frei sein soll. Diese Frau hatte noch nie etwas vom Herzopfer für den Sonnengott in Mexiko gehört, aber ihr eigenes Unbewusstes sendete das Signal der Trennung, des Opfers ihrer einengenden und besitzergreifenden Liebe für die Entwicklungsfreiheit des Sohnes in den väterlichen, den patriarchal-geistigen Raum. Sie selber muss den ins Leben geborenen Sohn, der so sehr zum Liebes- und Herzzentrum ihres Lebens geworden war, in einem inneren Sterbevorgang, also einem Todeserlebnis, nun von sich entbinden. Lebens- und Todesbejahung erweisen sich dann als eines, weil nur zwischen beiden die Fülle der Gegenwärtigkeit für Mutter und Sohn in Freiheit erlebbar werden kann.

Wie in so vielen Märchen, Mythen und eben auch Träumen sind es immer innere Schwellensituationen, an denen die Trennung als archetypisches Symbol das Ich-Bewusstsein abruft. Vielleicht muss man alle moralische Empörung einmal ruhen lassen und die Frage stellen: Welche Rolle hatte diese Mutter eigentlich in diesem Märchen? Letztlich ist sie es ja doch, die mit einer erstaunlichen Konsequenz und Zielgerichtetheit an dem einmal beschlossenen Weg festhält, die sich zu keinem Rückwärts und keinem Halt verführen lässt, die die glückliche Lösung am Ende zwar nicht weiß, aber initiiert – um nach vollbrachter Tat hinter der schlichten Formel »sie war gestorben« zu verschwinden. Was verbirgt sich hinter ihr? Ohne Trauer, ohne Gerichtsurteil und Strafe, ohne Rache und Heimsuchung verhüllt sich das dunkle Mütterliche und kehrt zurück an seinen Anfang. Es macht den Weg frei, nachdem es den Weg der Kinder beginnen ließ.

Der verlorene Weg

Am frühen Morgen kam die Frau und holte die Kinder aus dem Bette. Sie erhielten ihr Stückchen Brot, das war aber noch kleiner als das vorige Mal. Auf dem Wege nach dem Wald bröckelte es Hänsel in der Tasche, stand oft still und warf ein Bröcklein auf die Erde. »Hänsel, was stehst du und guckst dich um«, sagte der Vater, »geh deiner Wege.« – »Ich sehe nach meinem Täubchen, das sitzt auf dem Dache und will mir Ade sagen«, antwortete Hänsel. »Narr«, sagte die Frau, »das ist dein Täubchen nicht, das ist die Morgensonne, die auf den Schornstein oben scheint.« Hänsel aber warf nach und nach alle Bröcklein auf den Weg. Die Frau führte die Kinder noch tiefer in den Wald, wo sie ihr Lebtag noch nicht gewesen waren. Da ward wieder ein großes Feuer angemacht, und die Mutter sagte: »Bleibt nur da sitzen, ihr Kinder, und wenn ihr müde seid, könnt ihr ein wenig schlafen: wir gehen in den Wald und hauen Holz, und abends, wenn wir fertig sind, kommen wir und holen euch ab.« Als es Mittag war, teilte Gretel ihr Brot mit Hänsel, der sein Stückchen auf den Weg gestreut hatte. Dann schliefen sie ein, und der Abend verging, aber niemand kam zu den armen Kindern. Sie erwachten erst in der finsteren Nacht, und Hänsel tröstete sein Schwesterchen und sagte: »Wart nur, Gretel, bis der Mond aufgeht, dann werden wir die Brotbröcklein sehen, die ich ausgestreut habe, die zeigen uns den Weg nach Haus.« Als der Mond kam, machten sie sich auf, aber sie fanden kein Bröcklein mehr, denn die viel tausend Vögel, die im Walde und im Felde umherflie-

gen, die hatten sie weggepickt. Hänsel sagte zu Gretel: »Wir werden den Weg schon finden«, aber sie fanden ihn nicht. Sie gingen die ganze Nacht und noch einen Tag von Morgen bis Abend, aber sie kamen aus dem Wald nicht heraus und waren so hungrig, denn sie hatten nichts als die paar Beeren, die auf der Erde standen. Und weil sie so müde waren, dass die Beine sie nicht mehr tragen wollten, so legten sie sich unter einen Baum und schliefen ein.

Es kann schon ein sonderbares Gefühl hervorrufen, wenn man sich mit diesem »Vor-sich-Hingehen« ohne Straße, ohne Wegweiser, ohne ein Ende zu identifizieren versucht. Manchmal träumt man, dass man sich verirrt, und wacht mit panischer Angst auf. Oder man weiß nicht mehr, wo man das Auto abgestellt hat, und glaubt verrückt zu sein. Es ist dramatisch und macht Lärm im Bewusstsein.

Hänsel und Gretel aber gehen in das Unbekannte hinein, viele Stunden, so dass Sonne und Mond sich abwechseln, bis der Baum die erste Phase – diesen ersten Tag des Erprobungsweges – abfängt. Mir fallen die Worte aus der Schöpfungsgeschichte ein, in der es heißt: »Und Gott sprach: Es werde Licht. Und es ward Licht. Und Gott sah, dass das Licht gut war. Da schied Gott das Licht von der Finsternis und nannte das Licht Tag und die Finsternis Nacht. Da ward aus Abend und Morgen der erste Tag.«

Der Vater hatte zu Hänsel gesagt: »Geh deiner Wege«, die Mutter hatte den Weg in den Wald geführt, und Hänsel sagte immer wieder tröstend zu Gretel: »Wir werden den Weg schon finden.« Durch das ganze Märchen zieht sich wie ein roter Faden die Wegsuche und die Wegfindung. Auf der ganzen Welt findet man eine Wegsymbolik als Urbestandteil der frühesten Menschheitsrituale. Es ist der Lebensweg schlechthin, aber auch der Einweihungsweg in die alten Mysterien, der Labyrinthweg oder der Weg durch die

Unterwelt, um nach der Nacht des Todes wieder in das Licht des Lebens geboren zu werden.

Zweimal haben die Kinder das Haus verlassen, um den Weg in die unbekannte Natur anzutreten. Beide Male gingen diesem die Vorhersage durch die Eltern voraus, und beide Male wird der Entschluss in der Dunkelheit der Nacht gefasst. Aber auch die Sonne steht zweimal auf dem Dach des Hauses und wird besonders genannt, und zweimal gehen die Kinder den Weg durch die Nacht im Licht des vollen Mondes, der sie ihrem Schicksal immer näherkommen lässt.

Das kosmische und das Naturgeschehen ist hier, wie das Urelternpaar Himmel und Erde, in die Märchenwelt mit einbezogen. Für die Menschen der Frühkulturen wurden diese Ereignisse zum äußeren, aber auch zum inneren Geschehen. Auf diesen ersten Bildkonstanten und dem dazugehörigen Kreislaufsystem beruhten die ältesten Traditionen. Der Bogenlauf der Sonne zum Beispiel wurde zum Abbild für die einzelnen Schritte des menschlichen Ich, die das Ganze eines Entwicklungsweges bedeuten. Sonnentag und Vollmondnacht bilden eine polare Einheit, ebenso wie der Einzelne in die Polarität von Ich-Bewusstsein und Unbewusstem hineinwächst, um zur Reife einer ganzheitlichen Persönlichkeit zu gelangen.

Hänsel und Gretel müssen dort beginnen, wo die Mutter sie verließ, die die Kinder diesmal ganz tief in die Mitte des Waldes hineinführte, »wo sie ihr Lebtag noch nicht gewesen waren«. Hier, mitten im Wald, ist das Zentrum des Lebens schlechthin. Von hier aus reichen die tiefen Wurzeln weit hinab in die Erde und holen sich die Lebenskräfte und Lebenssäfte aus der Tiefe des Erdschoßes ebenso wie der Embryo über die Nabelschnur aus dem Mutterschoß. Hier herrscht das strenge Gesetz der Natur, das dem Starken zum Wachstum verhilft. Der Instinktsichere und Kluge erfährt, dass er den Bedrohungen und Widerständen kreativ begegnen kann.

Es ist bemerkenswert, mit welchem Ernst, mit welcher Sparsamkeit und Kargheit diese beiden Kinder geschildert werden. Sie pendeln noch zwischen Handeln und Gehandelt-Werden, sind zwar vom Titel her die Hauptfiguren, haben von der Beschreibung her aber im wahrsten Sinne des Wortes »kein Gesicht«. Man erfährt auch nicht, wie alt sie sind. Lediglich die zärtlich anmutende Verkleinerung am Anfang, wo es heißt: »Das Bübchen hieß Hänsel«, lässt vermuten, dass es noch recht junge Kinder sind. Aber gerade diese Undifferenziertheit lässt einen weiten Spielraum für Projektionen. Viele Kinder identifizieren sich mit Hänsel und Gretel ganz unbewusst und folgen wie selbstverständlich ihrem Weg bis in die Tiefe des Waldes. Das dunkle und böse Tun der Eltern wird da oft ausgeblendet, aber es bleibt die allerdings sehr traurige Chiffre des Weggeschickt-Werdens. Die Lebensklage, die sich darin ausspricht, ist, obwohl sie fast immer unbewusst ausgesagt wird, tief und weitreichend. Eltern wissen viel zuwenig, wieviel ihr Dasein, ihre Einstellung den Kindern bedeutet, wie sehr Ersatzobjekte wie Geld, Fernsehen, Spielzeug im Gemüt eines Kindes als Abgewiesen-Sein und Weggeschickt-Werden erlebt werden können. Das Dasein für die Kinder ist eine Angelegenheit des Herzens und stellt damit eine große Forderung an die Eltern dar, die heute immer alle so viel zu tun haben.

Hänsel und Gretel wurden zwar von den Eltern mit in den Wald genommen, aber dieser ist entweder ein Ort der Arbeit oder der großen Angst und Todesbedrohung. Die Mutter von Hänsel und Gretel jedenfalls kehrt sich ab mit ihrer dunklen Schuld der Lüge, und der Vater verschwindet zunächst hinter der Lebensbühne.

Das Erwachen der beiden Kinder in der finsteren Nacht ist wohl auch so etwas wie das Erwachen aus einem Traum oder in einen Traum hinein. Die Dunkelheit macht Hänsel mutig, weil seiner Phantasie keine Grenzen gesetzt werden und er noch nicht sehen kann, dass seine kleine Kinderwelt mit diesem Schlaf unter dem Baum endgültig zu Ende gegangen ist. Es ist fast so, als hätten sich die Kinder noch einmal in den bergenden, mütterlichen Schutz des Lebens- und Weltbaumes begeben und als hätte die Gute Mutter oder die große Göttin noch einmal schützend ihre Hand ausgestreckt, um das Schicksal aufzuhalten, dem die Kinder so ausweglos ausgeliefert wurden. Die Geschwister wandern nun durch den ganz unpersönlichen Bereich der Großen Mutter Natur, die an jeden Einzelnen ihre ewig gleichbleibend harte, aber ebenso lebensnotwendige Forderung stellt.

Hierzu fällt mir die Geschichte der kleinen Margit ein, die immer so große Ängste hatte und am Abend nicht einschlafen konnte. Margit erzählte mir einen Traum, der ihr so große Angst machte, dass sie nicht träumen wollte, oder nur im Bett der Mami, die aber dann oft böse mit ihr war. Sie träumte: »Wir sammeln Pilze im Wald, aber es gibt keine, es ist schon dunkel, und wir haben Angst, und da ist was hinter der Mami, das ist böse, wie versteckt im Busch. Dann habe ich schreckliche Angst und der David auch.« David ist ihr Bruder. Er ist erst sieben Jahre alt, und Margit selber ist neunjährig. Wir sprechen miteinander über diese unheimliche Waldsituation, die für das kleine Mädchen so real ist, dass man sie nicht mit dem »ach, das ist ja nur ein Traum« weglöschen kann. Dabei ergibt es sich, dass sie selber dazu das Märchen von Hänsel und Gretel erinnert. Wie sich herausstellte, mochte sie das Märchen ganz gern, weil: »Ja, weißt du, der Vater ist ja lieb – das glaubst du doch auch, oder?« Ihre großen blauen Augen mit dem dunklen Wimpernsaum bekamen einen nachdenklichen und versonnenen Ausdruck. Sie legte die Hände hinter dem Rücken zusammen und ging ein bisschen im Zimmer auf und ab. Dabei erzählte sie: »Ja, das ist wirklich so wie bei Hänsel und Gretel im Wald.« Und nach einer Pause fuhr sie fort und erzählte das Märchen, als wäre es ihr eigenes Lebensmärchen:

»Sie waren schrecklich arm. Und dann schickten sie sie einfach in den Wald.« Margit vergaß diese Anklage gegen die Eltern nicht. »Und da war es schrecklich dunkel, und sie hatten Angst. Und sie liefen und liefen und liefen ...« Ein langer Weg also verbarg sich hier in der Märchenchiffre für das Kind, ein langer Weg der Dunkelheit, der Angst und des Alleingelassenseins. »Und da war endlich das Haus.« Alle Sehnsucht nach Geborgenheit drückt sich in diesem »endlich« aus. Aber es kommt auch gleich wieder das Angstsignal: »Aber sie wussten nicht, dass da die Hexe wohnte, die wollte Hänsel fressen. Aber die Gretel schubste sie in den Ofen, und dann fanden sie alles und nahmen es mit und liefen nach Hause, und da freuten sich alle.«

Sie hatte vieles weggelassen, obwohl sie das Märchen recht genau kannte, wie sich nachträglich herausstellte. Aber gerade in der Kürzung zeigte sich alle Dunkelheit, die sich im Schatten dieses kurzen Kindlebens und in ihrem Traum verbarg. Die Familie war tatsächlich sehr arm, und es gab viel Streit zwischen den Eltern. Die Kinder waren auch sehr oft weggeschickt worden. Denn die Mutter musste mitarbeiten, war selten zu Hause, und wenn, viel zu müde und erschöpft, um sich liebevoll und mit Zuwendung um die Kinder kümmern zu können. Die Kinder kamen zur Großmutter oder zu Nachbarn oder wurden einfach sich selbst überlassen.

Im Gespräch mit der Mutter kam es zu den Worten von ihr: »Natürlich mag ich die Kinder, aber oft könnte ich sie zum Teufel wünschen. Ich habe nichts vom Leben als Arbeit. Es gibt nichts zum Freuen, und die Kinder wollen immer nur haben. Die fressen mir die letzte Kraft. Und mein Mann – ach du lieber Gott –, der sieht nur seine Arbeit. Mit den Kindern ist er wohl nett. Sicher mag er sie auch auf seine Weise, aber er hat noch weniger Geduld als ich.«

Geduld aber ist eine große Tugend und eine nahe Schwester der Güte. Ungeduld lässt nicht warten und wachsen. Ungeduld mordet schnell und gedankenlos, weil man am schnellsten eine Änderung erhofft. Die tiefe Sehnsucht der kleinen Margit nach einem heilen Zuhause lag auch in den Worten: »Und alle freuten sich.«

Auch in Bethlehem war alles arm und kein Platz in der Herberge. Und dennoch war alles warm und licht in der Nacht: im Stall, bei den Tieren, in der Futterkrippe – als der Lichtbringer aus dem Schoß seiner Mutter entbunden wurde, um in der Welt die Liebe zu verkünden.

Die kleine Margit fürchtet sich vor der Dunkelheit bis in ihre Träume hinein. Ist es wirklich so schwer, ein kleines Licht der Liebe anzuzünden, eine kleine Flamme der Ewigkeit?

Die Eltern von Johannes Nikolaus, Sophia und Jasmine hatten so viel Freude gefunden an dem schrittweisen Kennenlernen dieses Märchens in unseren Eltern- und Familiengesprächen, dass auch sie Abschnitt für Abschnitt gelesen hatten und bei jedem verweilten und nun – besonders Mutter Ingeborg – versuchten, dem spezifischen Rätsel dieses neuen Bildes nahezukommen. Die Kommentare der drei gespannt lauschenden Kinder waren wie immer besonders aufschlussreich.

Johannes Nikolaus, dem der Einfall mit den Steinen recht imponiert hatte, weil ihm diese Idee nicht gekommen wäre, meinte jetzt: »Ich hätte eben einfach meine Taschenlampe mitgenommen.« Das mit den Brotkrümeln fand er einfach dumm. Er ergänzte das mit den Worten »typisch Märchen«. Er übersetzte das Märchen in die eigene Lebenssituation und brachte »Licht in das Dunkel«. Dabei übersah er aber auch, dass die Taschenlampe am Tag ja den Weg nicht finden lässt ohne Wegweiser. Auf eine entsprechende Frage des Vaters wusste er keine rechte Antwort mehr. Sehr viel weniger sicher meinte er, man könne ja vielleicht eine ganz, ganz lange Schnur mitnehmen. Trotzdem aber war er ganz besonders intensiv daran interessiert, dass das Märchen gemeinsam weitergelesen und vor allen Dingen mit Vati und Mutti weiter darüber gesprochen wurde.

Tatsächlich sieht das Ausstreuen der Brotkrümel ja auch, wenn man es ganz von außen her betrachtet, recht töricht aus und scheint den Misserfolg vorzuplanen: Brotkrümel an Stelle der Steine. Marie-Louise v. Franz aber sagte einmal: »Wer sich den Dank und die Hilfe der Tiere erwirbt, der siegt immer – das ist die einzige Regel ohne Ausnahme, die ich finden konnte!« Und genau das tut Hänsel, wenn auch ganz unbewusst, indem er das Brot, das die Kinder bekommen hatten, zur Hälfte mit den Tieren teilte.

Wir hatten in unseren Familiengesprächen gerade hierüber besonders ausführlich gesprochen, weil ja gerade an dieser Stelle die Weiche gestellt wird für das Ziel, das auf den verschlungenen Wegen dieses Märchens erreicht werden soll.

Sophia fand es nach wie vor ziemlich beängstigend und fragte mehrfach, wann denn nun der Vati und die Mutti in den Wald kämen und den Kindern den Weg zeigten, warum denn der liebe Gott so lange nicht käme – der wisse doch, wo die Gretel und der Hänsel wohnen, und der könnte ja auch einen Engel schicken.

Und Jasmine, das geborene Mutterkind, sah noch kaum einen Unterschied zwischen ihrem eigenen Bettchen und dem Schlafen im Wald, sondern abenteuerte neugierig und interessiert durch den Waldweg und meinte, der Vati solle auch mal ein Feuer anmachen, und ob er auch einen Baum abhacken könne, und außerdem »wissen die doch den Weg«. Für sie wurde die Ganzheit des Märchenentwurfs nicht aufgeteilt durch die kleinen Schritte des neuen Kennenlernens, sondern sie ruhte noch im ungebrochenen Entwurf des märchenhaften Lebensplanes. Es war so, als könnte sie sich unbewusst verbinden mit dem intuitiv ahnungsvollen Wort Hänsels: »Wir werden den Weg schon finden.«

Aber wieder ist es Mutter Ingeborg, die es genauer wissen möchte. Sie erinnerte sich daran, dass alle drei Kinder und Jasmine ganz besonders die Phase der Trennungsängste heftig durchlebt hatten und sie sich selber in dieser Zeit wie mit Ketten an die Kinder gebunden erlebt hatte. Sie fragte Jasmine jetzt: »Wenn nun aber die Mami weggeht, und es wird dunkel und das Feuer geht aus?«

Ich glaube, wir erschraken alle ein wenig vor der Bildschärfe dieses Inhaltes. Sophia stand plötzlich auf und ging zu Jasmine: »Aber Mami« – ihre Stimme klang deutlich vorwurfsvoll – »Jasmine ist doch gar nicht mit im Wald. Die ist doch zu Hause. Die sitzt doch in der Uhr. Und du holst sie raus.«

Wieder ist es dieses Kind, das die eigenen Ängste in einer kritischen, seelischen Situation überwindet und mit erstaunlicher Intuition und Güte über die eigene Schwäche hinauswächst. Die Klarheit und Kraft, die dann von ihr ausgeht, steht in deutlichem Gegensatz zu ihrer sonstigen Unsicherheit. Jasmine hatte geschwiegen. Man konnte spüren, dass die Frage der Mutter in sie eingedrungen war. Weniger erschrocken als ärgerlich drehte sie sich um und verließ das Zimmer. Die entstandene Spannung blieb im Raum hängen.

Dieses Mal war es der Vater, der sich zu Sophia setzte und dann die beiden Kinder ansprach. Auch ihn hatte es wohl beschäftigt, was sie über die Eltern denken. Er hatte wohl auch das Wort vom »Nichts« von Jasmine nicht vergessen können. »Glaubt ihr denn, dass ein Vati und eine Mutti so etwas tun können – einfach ihre Kinder im Wald allein lassen?«

Auch Johannes Nikolaus stand jetzt dicht bei ihm, und beide Kinder sahen ihn an. Der Sohn reagierte auf die Frage des Vaters sachlich und erfahrungsreich. »Wenn die den Papi und die Mami richtig geärgert haben und …« Er dachte wohl an einiges, was Ärger gemacht hatte oder machen könnte. Auf Genaueres ließ er sich nicht ein. Aber der Versuch, es zu verstehen, war in seinem Alter doch erstaunlich und das Signal für die Eltern: »Was macht ihr denn, wenn ihr euch ärgert?« recht deutlich. Sophia aber meinte sehr leise: »Das ist aber doch böse, wenn sie sie so ganz allein lassen, und außerdem lügen die ja, und das ist gemein.« Auch hier wurde das Signal sehr deutlich für die Eltern: Sagt mir immer die Wahrheit, sonst kann kein Vertrauen wachsen.

Ein schneeweißes Vögelein

Nun war's schon der dritte Morgen, dass sie ihres Vaters Haus verlassen hatten. Sie fingen wieder an zu gehen, aber sie gerieten immer tiefer in den Wald, und wenn nicht bald Hilfe kam, so mussten sie verschmachten. Als es Mittag war, sahen sie ein scheues schneeweißes Vöglein auf einem Ast sitzen, das sang so schön, dass sie stehenblieben und ihm zuhörten. Und als es fertig war, schwang es seine Flügel und flog vor ihnen her, und sie gingen ihm nach, bis sie zu einem Häuschen gelangten, auf dessen Dach es sich setzte, und als sie ganz nah herankamen, so sahen sie, dass das Häuslein aus Brot gebaut war und mit Kuchen gedeckt; aber die Fenster waren von hellem Zucker. »Da wollen wir uns dranmachen«, sprach Hänsel, »und eine gesegnete Mahlzeit halten. Ich will ein Stück vom Dach essen, Gretel, du kannst vom Fenster essen, das schmeckt süß.« Hänsel reichte in die Höhe und brach sich ein wenig vom Dach ab, um zu versuchen, wie es schmeckte, und Gretel stellte sich an die Scheiben und knusperte daran. Da rief eine feine Stimme aus der Stube heraus:

»Knusper, knusper, kneischen,
Wer knuspert an meinem Häuschen?«

Die Kinder antworteten:

»Der Wind, der Wind,
Das himmlische Kind«,

und aßen weiter, ohne sich irre machen zu lassen. Hänsel, dem das Dach sehr gut schmeckte, riss sich ein großes Stück davon herunter, und Gretel stieß eine ganze runde Fensterscheibe heraus, setzte sich nieder und tat sich wohl damit.

Nachdem die Kinder erschöpft und am Ende ihrer Kräfte unter dem Baum eingeschlafen und am Morgen wieder erwacht waren, beginnt das Märchen behutsam, seine finstere Realitätsebene zu verlassen und in die Traumgespinste der Phantasie überzuwechseln. Das Märchen überspringt die sicherlich ja recht abenteuerliche dreitägige Wanderung durch den nun ganz dichten Wald, so als könnte das Bewusstsein der Kinder nicht mehr aufnehmen, was um sie herum geschieht. Hunger und Durst bringen sie in Todesnähe. Aber gerade dadurch tappen sie mitten hinein in den Bereich von Lebkuchen, Mandelherz und Zuckerbrezel. Nach echter Kinderart verschwindet aller Kummer. Die Befriedigung der körperlichen Bedürfnisse beendet zunächst einmal alle Schrecken und Ängste.

Man könnte lächeln darüber und sagen: So sind eben Kinder. Aber so sind nicht nur die Kinder des Spielalters. So sind alle »Süchtigen« in der ganzen Welt, ganz gleich, welche Droge den Zwang der Abhängigkeit auslöst. Und nach wie vor sitzt hier die böse Mutterhexe auf der Lauer und wartet mit ihrem verschlingenden Rachen auf die verführten, betörten, ich-los gewordenen und von der Gier beherrschten Kinder der Welt. Bahnhöfe, Gaststätten, dunkle Straßen, verkommene Wohnungen, Keller und verwahrloste Schuppen bieten sich als Abholort an. Anstelle des weißen Vögelchens, das den Kindern den Weg zeigt, ist es heute das weiße Pulver, das in den »Stall der Hexe« führt.

Für die Kinder ist die Mitte des Tages erreicht, und seine zweite Hälfte beginnt. Vielleicht ist nun auch die erste Hälfte ihres Weges überstanden, ohne dass sie es schon wissen. Jedenfalls erscheint nun das »hilfreiche Tier«, möglicherweise eines von den Vögeln, die von Hänsels Brotkrumen gegessen haben. Das Märchen verschweigt es. Aber man kann eigentlich gleich merken, dass es wohl ein Bote ist. Denn nachdem es den Kindern mit seinem wunderschönen Gesang die Seelen erfrischt hat, fliegt es wegweisend vor ihnen her, so dass sie ihm, wie magisch angezogen, folgen. Weiß ist eine Farbe, die Vertrauen bewirkt. Sie soll das Böse abwehren. Sie wird auch als Farbe der Weisheit oder der Unschuld erlebt. Die weiße Taube galt sogar als Gottesbote. Und doch ist es gerade dieser helle Bote, der die Kinder direkt zu der Hexe führt. Vom armen Haus der Eltern gelangen sie nun zum süßen Haus der Hexe. Was böswillige Ausstoßung war, soll nun noch schlimmeres Gefressen-Werden sein.

Es ist überraschend und fast unheimlich, dass der Märchenerzähler hier verweilt, als wolle er den Kindern eine Atempause – Essenspause – gewähren, bevor der neue Schrecken beginnt. Hier dürfen sie endlich ihren Hunger stillen und einmal an den Süßigkeiten des Lebens naschen. Ein Schimmer von Heiterkeit taucht auf, der die Kinder auf die feine Stimme, die aus dem Häuschen dringt, schlagfertig und poetisch antworten lässt. Sie sind wie verwandelt, originell und aktiv. Man spürt hier etwas von der lebendigen Kraft, die als Begabung in ihnen vorhanden ist. Es ist so, als würde der äußere Reichtum mit der Möglichkeit, sich endlich satt essen zu können, auch die inneren Türen aufschließen, hinter denen die funkelnden Reichtümer ihrer Seele ruhen.

Besuch in der Oper

Bei unserer nächsten Begegnung kamen die Eltern etwas früher, einerseits weil die Kinder nicht gleichzeitig nach Hause gekommen waren und zusammen kommen wollten, andererseits aber vielleicht auch, weil sie ganz gerne sich einstimmen wollten auf das Gespräch. Gleich zu Beginn zog Vater Christian eine Zeitungsnotiz aus der Brieftasche und las vor: »Überschrift: Vater warf seine fünf Töchter in den Brunnen.« Es war eine Zeitungsnotiz, in der aus Neu-Delhi, aus Indien, folgendes berichtet wurde: Angeblich aus materieller Not hat ein Vater im westindischen Poona seine fünf Töchter in einen Brunnen geworfen. Als Motiv gab er an, er sei es leid gewesen, mit seinen Eltern über die fünf »nutzlosen« Esser zu streiten, und habe sie deshalb beseitigen wollen. Laut Pressebericht ist eines der Mädchen ertrunken. Töchter werden in Indien immer noch als Strafe Gottes angesehen, weil ihre Verheiratung mit sehr hohen Mitgiftzahlungen verbunden ist.

»Also nicht nur Hänsels Vater damals und ›es war einmal‹, sondern jetzt und heute«, sagte Vater Christian. »Und überhaupt«, fuhr er fort, »was Männer, oder eigentlich meine ich ja Väter, so tun! Ich fange an, sie zu sehen, es ist, als wäre ich dem Manne gegenüber bisher blind gewesen. Aber was weiß ein Mann schon von Kindern? Sie sind Gegenstände, die Lärm, Unordnung und Ärger machen, stören, wenn man allein sein will, und ...«, er stockte und sah zu seiner Frau hin »ja, sie nehmen dem Mann oft die Frau weg, vielleicht hat Hänselvater auch irgend so etwas gedacht – wenn er überhaupt gedacht hat.

Ich bin bei der Geburt der Kinder dabei gewesen, ich habe sie auch gewickelt und gebadet, aber es gibt da etwas, was nicht erreichbar ist, einen Unterschied, diese Nabelschnurverbindung, die ist nicht nachvollziehbar für den Mann, und da ist irgendwie eine blödsinnige Eifersucht. Vielleicht kann man ja diese Nabelschnurverbindung selber nie ganz auflösen. Ich habe meine Mutter ja nicht gekannt, ich hatte auch eine Stiefmutter, und ich habe sie auch nur als ›Frau im Haus‹, erlebt. Aber als meine Kinder geboren wurden oder vielmehr als ich es erlebte, wie sie sich bewegten in der Mutter – im Körper meiner Frau –.« Er schwieg plötzlich, als wäre die Erinnerung etwas, was er nicht aussprechen wollte. Mutter Ingeborg hatte schweigend zugehört.

»Aber wie ist das mit dem Hausmann, das gibt es doch heute wieder, wenn die Frau arbeiten geht und der Mann die Kinder versorgt?«

»Ich glaube nicht, dass es um die äußere Versorgung geht, das kann jeder Mann lernen und das machen Hausmänner auch gut. Ich kenne einen, den bewundere ich, wie geduldig und beharrlich er ist, jedenfalls mit den Kindern. Über den Haushalt ärgert er sich genauso wie meine Frau. Das andere aber ist etwas ganz Inneres, das ist ein inneres Zeithaben, ein inneres Zuhören und ein inneres Wahrnehmen, vielleicht kann man das lernen, wenn man ganz tief in sein eigenes Inneres hinabsteigt, vielleicht bis dahin, wo das Leben anfängt und noch kein Unterschied besteht.«

Mutter Ingeborg griff dieses Bild auf, als wäre etwas in ihr angerührt worden. »Als ich schwanger war, war das so, wie du sagst. Es war in mir ganz tief, nicht nur unten, sondern einfach ganz in mir, und nur da konnte ich es spüren, so als wenn ich alle Türen nach außen zumachen müsste; aber das ist dann nachher weg, wenn sie so sind wie jetzt, jedenfalls die Großen, aber es bleibt auch etwas zurück, das ist so wie beim Stricken, irgendwie bleibt der Faden am Knäuel.«

Die Kinder stürmten jetzt ins Zimmer herein, alle drei rotbackig von der Kälte, lärmend und alle zugleich redend. Die kleine Jasmine hatte zu diesem Gespräch ein neues Pfefferkuchenhäuschen mitgebracht. Mutter Ingeborg hatte es dieses Mal mit den Kindern zusammen angefertigt, und es war so, als hätte die ganze Familie einen ganz neuen Bezug zu diesem Häuschen bekommen, als wäre es aus seiner kollektiven Schaufensterkarriere und Anonymität herausgestiegen, um im geheimnisvollen Zauber der Adventszeit und der lebendigen Erlebniswelt der Kinder ganz neu zu entstehen. Voller Begeisterung wiederholte Jasmine immer wieder mit quiekender, hochgestellter Stimme: »Knusper, knusper, kneischen, wer knuspert an meinem Häuschen?« Sie ließ sich von der Mutter ein Kopftuch aufsetzen und fasste sich mit ihrer winzigen Kinderfaust an die Nase, um zu demonstrieren, wie groß und hakenförmig diese sei.

Die Eltern waren mit den Kindern inzwischen – sozusagen als vorgezogene Weihnachtsüberraschung – in der Märchenoper »Hänsel und Gretel« gewesen. Musik und lebendes Bild auf der Bühne hatten einen starken Verfremdungscharakter, aber auch eine enorme eigenständige Wirkung. Mit viel Liebe hatten die Eltern eine musikalische Vorbereitung durchgeführt, hatten die einzelnen wunderschönen Lieder gelesen und mit Klavierbegleitung gelernt, und jeder hatte sein Lieblingslied erkoren und – was besonders wichtig war – im Opernhaus wiedergefunden. Zum Vergnügen des Publikums erklangen plötzlich rein und klar die hellen Kinderstimmen im Parkett. Das »Traummännchen«, das die Kinder in der Oper mit seinen Glockenblumen in den lachenden Tag weckt, hörte sich ganz anders an als die herben Worte der Mutter im Märchen, die die »Faulenzer« aus dem Bett jagt. In der Oper sind es Kinder mit »Gesichtern«, die klagen, weil sie Hunger haben, die Kritik üben am ewig nörgelnden Vater, der seine eigenen Pflichten gerne an den Gottvater weitergeben möchte, so dass Hänsel zu seinen

Worten meint: »Jawohl, das klingt recht schön und glatt, aber leider wird man davon nicht satt.« Und die Mutter in der Oper ist nicht eine bewusst morden wollende Stiefmutter, sondern eine arme, müde, gereizte Frau, die ungeduldig und zornig wird und die Kinder am liebsten »an die Wand knallen möchte«. Als aber der heimgekehrte Vater nach den Kindern fragt, die die Mutter in den Wald zum Beerenpflücken geschickt hatte, erschrecken beide bei dem Gedanken, dass sie sich verirren und in die Fänge der bösen Hexe, die am »schauerlich düsteren Ort wohnt«, fallen könnten. Und so ist es auch. Denn auch hier wird das Hexenhaus zum zentralen Thema, und auch hier endet die Hexe im Flammentod.

Die Kinder und auch die Eltern waren sehr begeistert von der Oper, und die ängstliche Sophia ließ sich immer wieder abends das Lied daraus vorsingen, eines der schönsten Abendgebete für Kinder:

»Abends, wenn ich schlafen geh,
vierzehn Engelein um mich stehn,
zwei zu meinen Häupten,
zwei zu meinen Füßen,
zwei zu meiner Rechten,
zwei zu meiner Linken,
zweie, die mich decken,
zweie, die mich wecken,
zweie, die mich weisen
zu Himmelsparadeisen.«

Dieses Lied singen Hänsel und Gretel in der Oper. Die beiden im Wald verirrten und verlassenen Kinder werden hierdurch aus ihrer Angst und Einsamkeit erlöst und in die Geborgenheit von Schlaf und Traum eingebettet. Sie tauchen quasi ein in die Ungetrenntheit und Unschuld des Ursprungs-Paradieses.

Sophia hatte die Mutter mehrfach gefragt: »Kommen die denn wirklich?« Und war immer wieder voll befriedigt, wenn Mutter Ingeborg zu ihr sagte: »Ja, im Traum sind sie alle bei dir.«

Die Ängstlichkeit und zurückweichende Scheu von Sophia hatte den Eltern schon immer etwas Sorge gemacht, denn das, wovor sie Angst hatte, war so wechselvoll und unbestimmt, dass es schwer war, ihr beim Auflösen dieser Ängste zu helfen. Wir hatten uns auch über die Frage unterhalten, wozu sie wohl diese Ängste brauchte. Vom Alter her – sie wurde ja in absehbarer Zeit zehn Jahre – stand sie vor der Schwelle des nächsten Entwicklungsschrittes in die Vorpubertät hinein. Sie befand sich also von ihrer Bewusstseinsentwicklung her auf einer Ablösungs- und Wandlungsschwelle, die oft mit unbewussten Trennungsängsten einhergeht. Im Grunde genommen zeigte sie ein Verhalten, das der ängstlichen und leicht weinenden Gretel sehr ähnlich war. Mutter Ingeborg selber war noch sehr jung, und die Erinnerung an ihre eigenen Schwellenerlebnisse und auch Schwellenängste ließen sich relativ leicht ins Bewusstsein rufen. So hatte sie in der zurückliegenden Zeit – unauffällig – angstmachende Situationen für Sophia vermieden und sich vermehrt mit ihr – auch allein und ohne die Geschwister – beschäftigt.

Der Musiker und Komponist Engelbert Humperdinck erzählte zu diesem Abendlied der vierzehn schützenden Engel, das Sophia so gut gefiel, eine wunderschöne Legende. Seiner Mutter sei einstens aus den vierzehn Linien ihrer Hand gelesen worden, dass sie einen Sohn zur Welt bringen werde, der Ehre und Ansehen durch vierzehn Engel erhalten werde. Darum habe sie ihn auch Engelbert – und das heißt der von Engeln Getragene – genannt. Hier taucht also schon im Hintergrund die Hexe mit magischem Wissen und uralten Ritualen auf, die gerade beim unabhängigen Wandervolk der Zigeuner erhalten geblieben ist. Da aber ist sie eben die weise Ahnfrau, die als Hüterin und Schöpferin des Lebens verehrt wird. Uraltes Heilwissen aus der nahen Verbindung und unmittelbaren Beobachtung der Natur und ihrer Wirkungen wurde und wird noch heute von den Zigeunern gehütet und bestimmt ihr Weltbild.

In der Oper führt der Weg die Kinder nach ihrem Erwachen tiefer in den Wald und weg von den Eltern, tiefer in den Dunkelbereich des Unbewussten hinein. Hier werden die im Märchen sonst üblichen Wiederholungen weggelassen und wird unmittelbar das zentrale Thema aufgegriffen: das Hexenhaus und die Hexe. Der dramatische Ablauf endet auch hier mit dem Flammentod der Hexe, lässt aber von der Zaubermöglichkeit des matriarchalen Ungeheuers etwas den Kindern zurück: die Rute, mit der sie viele kleine Pfefferkuchenkinder wieder in Menschenkinder entzaubern können. Besonders reizvoll ist dabei, dass es Gretel ist, die mit liebevoll streichelnder Hand – einer eher mütterlichen Liebesgebärde – den Kuchenkindern die Augen öffnet, während der eher ängstliche Hänsel erst danach die Zauberrute der Hexe in Bewegung setzt und die Kinder mit dieser phallisch-schöpferischen Gebärde wieder ins Leben zurückkehren können. Tröstlich und mächtig klingt die Schlussverheißung: »Wenn die Not aufs höchste steigt, Gott der Herr die Hand uns reicht.«

Johannes Nikolaus war ganz besonders beeindruckt von der Zauberrute in der Oper. »Das wär' ganz toll, wenn man so was haben könnte.« Sicherlich war es kein Zufall, dass ihn gerade dieses Zauberinstrument so besonders beeindruckte. Es ist ebenso kein Zufall, dass dieses Erbe der Hexe, nämlich die Zauber*möglichkeit,* in die Hände der Kinder gerät, die sowohl in der Oper wie im Märchen die Hauptrolle spielen. Sie können, so wie die Gretel den Kuchenkindern in der Oper, allen Erwachsenen, vor allem den Eltern, tatsächlich »die Augen öffnen«, wenn man die Symbolik ihres Spiels und ihrer Sprache versteht. Die Zauberrute der Hexe, die den Hänsel ermächtigt, die von der Hexe gebackenen Kuchenkinder in Bewegung zu setzen, ist eine besonders interessante Variante zu dem im Märchen so ausdrücklich betonten »dünnen Knöchlein« anstelle des Fingers von Hänsel. Sowohl der Märchenerzähler als auch Adelheid Witte, die den Text für die Oper schrieb, benutzten ein phallisches Symbol. Beinahe unauffällig und beiläufig mischt es sich unter andere Bildelemente. Ohne nach dem symbolischen Sinn zu fragen, bliebe die Rute eine Rute und das Knöchlein ein Fingerersatz. Die Symbolik des Phallus aber enthält das breite Spektrum schöpferischer Gestaltungsfähigkeit – einschließlich der Sexualität. In der Oper und im Märchen bleibt das Symbol in seiner geheimen Beziehung zum schöpferischen Akt zunächst verschlüsselt und als böser Hexenzauber unter Strafe gestellt.

»Kinder, schaut die Hexe an,
wie die Hexe hexen kann ...

Merkt des Himmels Strafgericht:
Böse Werke dauern nicht!«

Es war die Schwester des Musikers Engelbert Humperdinck, die kleine Märchendramen für ihre Kinder schrieb und sie für deren Puppenspiele gedacht hatte. Sicher hat sie da auch viele Anregungen gerade von den Kindern bekommen. Die Oper Hänsel und Gretel jedenfalls ist ganz ausdrücklich aus der Initiative der Kinder erwachsen, denn Adelheid Witte liebte dieses Märchen nicht und fand es sehr unmoralisch. Sie vertrat hier eine sehr ähnliche Meinung wie Mutter Ingeborg, und so ist in ihrem Text gegenüber dem Märchen auch einiges etwas abgeschwächt, einiges aber auch besonders deutlich geworden. Dazu gehört vor allem das Verhalten der Kinder, die sehr verspielt, heiter und unbeschwert scheinen im Gegensatz zu dem Ernst und der spürbaren Ungeborgenheit der Märchenkinder. Bei der Hexengestalt der Oper dagegen konnte diese Mutter wohl auch eine ganze Menge negativer Projektionen in die Gestaltung mitbringen. Die Hexe wird dabei die böse Zauberin und Kindertöterin schlechthin.

Die geistigen Wurzeln dieses Operntextes lagen also im kindlichen Spiel, das naiv und unvoreingenommen mit den komplexen Symbolbildern des Märchenstoffes umgeht und dabei spielerisch eigene Lebenschiffren in das Spiel mit hineinfließen lässt. Adelheid Witte ließ aus dem etwas finster anmutenden Holzfäller einen Besenbinder werden, der damit dem Hexenbereich erst recht nahe ist. Er ist ja damit geradezu der Lieferant für die Reit- und Flugbesen der Hexe. Als Besenbinder ist er ein relativ unbeschwert wirkender Trunkenbold, der zufrieden ist, wenn ihm seine Droge zur Verfügung steht. Aber auch in der Oper geht es um gut und böse, um haben und nicht haben, um eine zornige, lieblose, aber eben auch sehr arme und überarbeitete Mutter, die in den Kindern eher Hilfskräfte sieht und weniger Freudenträger. Mit dichterischer Intuition erfasste Adelheid Witte den Entbindungs- und Erlösungsauftrag, der an das Geschwisterpaar delegiert wird, und der Musiker Engelbert Humperdinck ließ daraus ein musikalisches Meisterwerk entstehen. Der damals noch sehr junge Richard Strauß schrieb jedenfalls an ihn: »Mein lieber Freund, Du bist ein großer Meister, der den lieben Deutschen ein Werk beschert, das sie kaum verdienen, trotzdem aber hoffe ich, recht bald zu würdigen wissen werden. Na – und wenn nicht, so hab von einem treuen Freund und Gesinnungsgenossen innigsten Dank für die Freude, die Du ihm bereitet hast.« Richard Strauß war es auch, dieser geniale Dirigent und große Musiker, der 1893 eine der schönsten Märchenopern der Welt in Weimar aus der Taufe hob.

Johannes Nikolaus aber war nicht nur fasziniert von der »Zauberrute« und der »geistigen Kraft«, die sich in ihr symbolisierte, sondern er hatte auch einen Traum, den er jetzt erzählte und der recht eindrucksvoll die Wirkung der Hexenthematik auf das Unbewusste des Kindes spiegelt:

»Da war ein kleines Haus. Und da war die Mami drin. Aber die war ganz schwarz, einfach ganz und gar schwarz. Nur die Haare nicht. Die waren rot. Und der Vati war auch da. Und der wollte immer das Schwarze von ihr abmachen. Und dann – dann war er auf einmal verschluckt. Einfach so, wie's das gar nicht gibt.«

»Und was hast du dann gemacht?« fragte Mutter Ingeborg sehr freundlich. »Ich konnte doch gar nichts machen«, antwortete Johannes Nikolaus, als hätte sie ihm einen Vorwurf gemacht.

Mutter Ingeborg wurde nun aktiv, und ohne nachzudenken sagte sie: »Weißt du, du bist doch auch einmal in mir drin gewesen, hier in meinem Bauch, das war doch auch ganz dunkel, so wie nachts, und die Mami hat aber nicht den Vati verschluckt, nur die Sämlein von Vati sind in den dunklen Bauch gekommen.«

Erwartungsvoll schwieg sie, aber Johannes Nikolaus steckte noch in der Traumwirkung und konnte dem Bildangebot von der Mutter nicht folgen: »Aber Vati war ja ganz weg, einfach nicht mehr da, und das macht doch die Hexe.« Dann kam die entscheidende Frage: »Mami, wann weiß man denn, wann eine Frau eine Hexe ist?«

Jeder von den Erwachsenen wünschte sich jetzt wohl, weise und wissend zu sein, aber die Kinderfrage blieb eine ganze Weile im Raum hängen. Vater Christian tastete sich langsam vor. »Weißt du, das ist nicht immer so leicht zu merken, manchmal muss man eine Frau längere Zeit kennen, aber manchmal merkt man es auch ein bisschen schneller, manchmal denkt man auch, das ist eine Hexe, aber dann hat die Frau nur schlechte Laune.«

»Warum ist denn die Mami ganz schwarz, das ist doch die Mami gar nicht?« fragte Jasmine neugierig.

»Vielleicht ist es dunkel im Zimmer, wie abends, wenn es im Flur dunkel ist und alles schwarz ist«, bot sich Sophia mit einem Einfall an.

Johannes Nikolaus war verstummt und saß nachdenklich auf dem Fußboden. Aber gerade als Vater Christian ansetzte, um etwas zu sagen, sprach Johannes Nikolaus weiter: »Das war wie bei einer Beerdigung, da sind auch alle schwarz. Und dann weinen sie. Und dann kommt er in die Erde.« Er hatte am Schluss sehr leise gesprochen.

Dieses »... dann kommt er in die Erde« und der Gedankengang mit der Beerdigung im Zusammenhang mit dem Vater schien den Jungen sehr zu beunruhigen. Die Traumsymbolik griff nach seinem Ich und wollte erkannt werden.

Der Vater schien von der Trauer des Sohnes sehr angerührt zu sein. »Glaubst du denn, dass die Mami den Vati verschluckt hat?« fragte er ihn direkt.

Aber Johannes Nikolaus konnte nicht dechiffrieren, was der Zauberspiegel des Traumes ihm gezeigt hatte. »Ich weiß nicht«, meinte er zögernd, »es sah so aus.«

»Wie sah es aus?« fragte der Vater und blieb damit nahe am Traum und ganz nahe beim Sohn.

»Eigentlich«, und jetzt wurde Johannes Nikolaus wieder lebhafter, als würde er plötzlich aufwachen, »eigentlich habe ich das ja gar nicht gesehen. Es war ja ganz dunkel. Aber du warst auf einmal weg. Einfach weg! Und da habe ich gedacht, nun hat sie dich geschluckt.«

»Hast du Angst gehabt?«

»Nein, aber sie soll das auch nicht tun.«

»Ja, aber Mami zieht ja auch ein schwarzes Kleid an, wenn sie ins Theater geht«, sagte Jasmine, »und dann bin ich ganz, ganz traurig.« Nach einer Weile fügte sie noch hinzu: »und Vati auch.« Sie meinte wohl, dass Vati auch weggeht und auch einen schwarzen Anzug anzieht und dass sie das auch traurig macht.

Sophia hatte lange geschwiegen und mit ernsten Augen

zugehört. Jetzt fragte sie plötzlich: »Warum hast du denn kein Licht angemacht?«

Wir hatten inzwischen schon viel gelernt von den Kindern und ihren spontanen Einfällen. Und es war wieder einmal erstaunlich, welch breites Spektrum zum Traum und zur Farbe Schwarz sich eröffnet hatte: die Hexe oder die Todesgöttin, die zurücksaugt oder verschluckt, wie der Erdschoß oder die Nacht. Vielleicht war auch das Theater eine auslösende Ursache mit seinem Dunkel-Werden im Zuschauerraum und, im Gegensatz dazu, dem Hell-Werden auf der Bühne. Auch der Vorhang war sicher bildstark für das Ich, da er alles wieder zuschließt, was sich gerade eben noch bewegt und gesprochen hat.

Das kleine Haus im Traum des Jungen erinnert an das Hexenhaus. Es ist das Rätselhaus mit dem dunklen Weiblichen – »ganz und gar schwarz« –, was so schwer verstehbar ist, in das der Vater versucht Licht hineinzubringen beziehungsweise das Schwarze »abzumachen«. Vom Urgegensatz her gehört eben zu der Dunkelheit und Geborgenheit der Mutter-, Haus- und Bauchsymbolik die weite und grenzfreie Lichtheit des patriarchal-geistigen Vater-Raumes.

Psychologisch könnte man bei diesem Traum natürlich auch an den Ödipus-Komplex denken, bei dem ein Sohn unbewusst den Vater beseitigen möchte oder, wenn es vom Schicksal her so bestimmt ist, beseitigen muss, um die Mutter ungeteilt für sich allein zu haben. Mutter Ingeborg und Vater Christian hatten wohl ähnliche Gedanken, denn sie sahen sich plötzlich an und lächelten beide.

»Ja«, meinte Vater Christian dann, »ich finde, wir haben jetzt Licht in deinen Traum gebracht. Die Mami muss ja schon manchmal ganz tüchtig schlucken, wenn sie sich so sehr ärgert. Das tust du ja auch manchmal und ich auch. Aber wir beide wollen mal dafür sorgen, dass es bei der Mami viel hell ist. Und wenn wieder etwas im Theater für Kinder ist, dann gehen wir alle zusammen hin. Oder wir spielen zu Hause Theater. Und wir machen eine tolle Beleuchtung für die Bühne.«

Dieser Vorschlag wurde mit Jubel aufgegriffen. »Und dann spielen wir Hänsel und Gretel, und ich bin die Hexe«, rief Jasmine.

Als die Kinder uns allein gelassen hatten, konnten wir uns noch nicht gleich von diesem eindrucksvollen Traumbild lösen. Es wirkte wie einer von den »großen Träumen«, die wie ein Tor sein können, das sich für einen Einweihungsweg *nach innen* öffnet. Sie wirken sphinxhaft und bleiben oft ein ganzes Leben lang im Gedächtnis haften. Die schwarze Mutter im Traum trägt zwar noch das Gesicht der persönlichen Mutter, wirkt aber im übrigen total archaisch verfremdet. Im Gegensatz zu dem lebengebärenden, lebenernährenden Prinzip der weiblich mütterlichen Natur, die alle Bedürfnisse befriedigt und von jeder Angst befreit, taucht hier massive Angst auf. Das Ur-Bild der Göttin als Ganzheit zeigt ihren Gegenaspekt als Zerstörerin alles Geschaffenen, indem sie es wieder verschlingt. Es mutet an wie die »Schwarze«, die Kali aus dem indischen Mythos. Kali bedeutet auch »Zeit« und heißt im übertragenen Sinne, dass alles, was in den Strom des Lebens geboren wird, auch wieder von ihm aufgenommen wird.

Es war fast so, als ahnten die Kinder etwas von den geistigen Zusammenhängen, von denen sie ja mit Sicherheit nichts wussten. Aber das ererbte Wissen dieser archetypischen Signaturen gebiert oft in überraschender Weise aus dem Unbewussten heraus die Worte des Ich-Bewusstseins. Jedenfalls war den Kindern das Bild der Beerdigung eingefallen, und die Trauer stellte sich dazu ein. Mutter Ingeborg fragte sehr beunruhigt: »Was muss ich denn tun, damit Nicki nicht solche Angst hat vor mir?«

Vater Christian antwortete sehr ruhig und auch sehr ernst: »Vielleicht ist er kein Nicki mehr. Und vielleicht solltest du ihn bei seinem Namen rufen.«

Die Hexe

Da ging auf einmal die Türe auf und eine steinalte Frau, die sich auf eine Krücke stützte, kam herausgeschlichen. Hänsel und Gretel erschraken so gewaltig, dass sie fallen ließen, was sie in den Händen hielten. Die Alte aber wackelte mit dem Kopfe und sprach: »Ei, ihr lieben Kinder, wer hat euch hierher gebracht? Kommt nur herein und bleibt bei mir, es geschieht euch kein Leid.« Sie fasste beide an der Hand und führte sie in ihr Häuschen. Da ward gutes Essen aufgetragen, Milch und Pfannekuchen mit Zucker, Äpfel und Nüsse. Hernach wurden zwei schöne Bettlein weiß gedeckt, und Hänsel und Gretel legten sich hinein und meinten, sie wären im Himmel.

Die Hexe wirkt zunächst wie eine gute alte Großmutter, die den Kindern alles zuliebe tut, wonach sie begehren: Essen und schöne weiche Betten. Verständlicherweise vergessen sie darüber schnell ihren großen Schreck, der wohl nicht nur das Ertapptsein bei einer unerlaubten Tat enthielt, sondern in einer tieferen Seelenschicht die intuitive Ahnung des Gefährlichen als Fortsetzung des dunklen Signals von der Stiefmutter.

Es ist bemerkenswert, wie oft gerade solche Erstsignale aus der instinktiven Seelenschicht über die Intuition wahrgenommen, aber auch ganz schnell wieder verdrängt werden. Es ist, als ob die Sinne abgestumpft wären von all den vielen Reizen, die auf Auge, Ohren, Nase treffen. Oft hört man sich selber sagen: Das habe ich doch geahnt …, oder:

Ich habe es doch gleich gewusst. Aber es stimmt nicht, das Ich-Bewusstsein hat es eben nicht geahnt oder gewusst, es hat vor allem nicht darauf gehört. Die Ahnung bleibt zwar im Bewusstseinsfeld, erreicht aber nicht den Entscheidungsraum des Ich. Aber hätten die Kinder denn weglaufen können? War es nicht ihr Schicksal, diese Konfrontation zu erleben? Ist das stiefmütterliche Weggeschickt-Werden womöglich ebenso wichtig und zu seiner Zeit notwendig wie das hexenhafte Festgehalten-Werden?

Vom Gefühl her ist es ja eigentlich ganz wohltuend, dass es den Kindern wenigstens vorübergehend gut geht. Man möchte sich mit diesem Wohltun identifizieren wie mit den Spenden für eine Katastrophe oder dem Sieg eines Sporthelden oder der Sammlung für das hungernde Afrika. Das Gewissen atmet auf, wenn es sich – wenigstens für einen Augenblick – nicht mehr belasten muss mit der Not und dem Elend in der Welt, mit all dem bösen Tun, das hörbar im Radio, sichtbar im Fernsehen und lesbar in unzählbaren aufgeschriebenen und gedruckten Worten als Nahrung unserer Seele dient. Welch ein Friede ist dann auf einmal in dem kleinen Haus aus Brot!

Man könnte versucht sein, die Hexe zu bitten, viele Brothäuser in die hungernden Länder der Erde zu stellen, um den Kindern die Möglichkeit zum Überleben zu geben. Im Grunde macht diese Hexe ja nichts anderes als das, was alle Menschen tun, die Hunger haben: Sie essen, was ihnen zwischen die Zähne kommt. Natürlich hat jeder auch – wenn es möglich ist – seine Lieblingsspeise. Diese spezielle Hänsel-und-Gretel-Hexe isst gerne Kinder. Sie behandelt sie nicht anders als der, der Gänse mästet für den Weihnachtsmarkt, Ferkel schlachtet, Hühner köpft oder junge, reizende Milchkälbchen, die noch nach der Mutter weinen, ins Schlachthaus führt. Im Gegensatz aber zu der Waldhexe, die eher verborgen lebt, steht ein Metzgerladen an jeder Straßenecke. Aber wer würde einen Metzger als Mörder anklagen?

Manche tun es ja, aber sie werden als Sektierer abgewertet und vielleicht auch verlacht.

Neben dieser ganz alltäglichen Tötung für Nahrung, die damit der Lebenserhaltung dient, wirkt die kleine Waldhexe eigentlich recht harmlos. Sie hat auch Schwächen – rote Augen zum Beispiel – und kann nicht gut sehen, was ihr schließlich auch zum Verhängnis wird. Rote Augen sind eigentlich weinende Augen, die Schmerzen, Leiden und Not ausdrücken. Auch der Teufel soll ja rote Augen haben. Wenn man ihn als gefallenen Engel ansieht, ist er ein Verstoßener, einer, der nicht mehr geliebt wird, der grundsätzlich als böse gilt – genauso wie die Hexe. Der Teufel gilt auch als Hexenmeister oder als Herr der Hölle. Beide, die Hexe und der Teufel, sind der Erde sehr nahe Gestalten. Sie gehören zum Erdarchetyp, zur »Mutter Erde«, in der aber auch das gefährliche Element des vulkanischen Feuers unsichtbar in der Tiefe mit seinen dämonischen Kräften lodert. Mit diesen verbinden sich alle negativen Phantasien von bösen Drachen, Schlangen, Ungeheuern, von Abgrund und Sünde.

Dabei muss ich an den kleinen Frieder denken, der so »entsetzlich böse« war – »wie ein leibhaftiger Teufel«, sagte die Mutter –, dass seine Eltern sich schämten, ihn als Sohn zu haben. Eine unbewusste Mordtendenz tauchte im Traum der Mutter auf, in dem »der Sohn die Kellertreppe hinunterstürzt und sich alle Knochen bricht«. Der Vater dagegen hat schon mehrfach gedroht, dass er ihn in ein Heim geben wolle, »wo man ihm die Hammelbeine lang ziehen würde«.

Und Frieder? Er hatte beinah leuchtend rote Haare und viele Sommersprossen auf der Nase. Seine sehr hellblauen Augen waren leicht gerötet, obwohl er »nie weinte«. Seine harten, kleinen Hände waren schmutzig. Er hatte bald Geburtstag, wie er sagte. »Neun Jahre werde ich dann.« Auch Frieder kennt das Märchen von Hänsel und Gretel: »So was Blödes wie Märchen (so ähnlich klang es ja auch bei Johannes Nikolaus), alles verlogen. Böse sind die Eltern. Kinder sind klug. Sie sterben nicht. Diese alte Kuh, die Hexe, so was gibt es ja gar nicht. Die würde ich einfach wegzaubern, und dann hätte ich alles für mich, dann würden die Eltern sich ganz schön wundern, und dann wären sie vielleicht lieb zu mir und wollten was abhaben.« Nach einer Pause kam die erstaunliche Frage: »Soll ich ihnen dann etwas abgeben?«

Das Kind machte mich etwas verlegen, denn in mir war Zorn auf die Eltern, die so viel Härte dem Kind gegenüber zeigten, obwohl ich natürlich ihre Not verstand und auch bereit war, mit ihnen vernünftig und »klug darüber zu reden«, vom Schreibtisch her und weil ich es besser wissen musste. Das Kind stellte die einfache und schlichte Frage nach dem Verzeihen, nach dem Verstehen und nach gerechter Güte. Wie der Hänsel-und-Gretel-Vater und die Hänsel-und-Gretel-Mutter kann man eben schrecklich viel falsch machen, wenn das Leben mit seinen vielen Nöten alle Freuden klein bleiben lässt und einfach blind für sie macht. Die Eltern von Frieder aber litten tatsächlich viel Not in ihrem Leben.

»Ich finde das eine sehr gute Frage«, sagte ich zu dem Kind Frieder, »sie würden sich sicher sehr freuen – und du vielleicht auch.« Frieder nickte nur stumm. Ich wünschte mir, die Eltern hätten es hören können mit ihrem Herzen, dass der Schatz, den das Kind in sich trug, eigentlich ein Familienschatz war, an dem alle Anteil haben könnten. Wundersam aber hatte es mich auch angerührt, mit welcher inneren Kraft das Kind den »Zauber« übernahm, so als wäre in seiner Kinderseele die Hexe bereits in den Feuertod seiner eigenen leidenschaftlichen Lebensflamme gestiegen und hätte – im Wandlungsvorgang – ihm dadurch einen Zugang zu seinen eigenen, inneren Schätzen eröffnet. Die Kinderangst, sterben zu müssen, schien sich für Frieder verwandelt zu haben – »Kinder sind klug, sie sterben nicht« – in ein »Geben-Können«. Ich bin der Frieder – ich habe und kann abgeben.

»Ein fetter Happen«

Die Alte hatte sich nur so freundlich angestellt, sie war aber eine böse Hexe, die den Kindern auflauerte, und hatte das Brothäuslein bloß gebaut, um sie herbeizulocken. Wenn eins in ihre Gewalt kam, so machte sie es tot, kochte es und aß es, und das war ihr ein Festtag. Die Hexen haben rote Augen und können nicht weit sehen, aber sie haben eine feine Witterung wie die Tiere und merken's, wenn Menschen herankommen. Als Hänsel und Gretel in ihre Nähe kamen, da lachte sie boshaft und sprach höhnisch. »Die habe ich, die sollen mir nicht wieder entwischen.« Frühmorgens, ehe die Kinder erwacht waren, stand sie schon auf, und als sie beide lieblich ruhen sah, mit den vollen roten Backen, so murmelte sie vor sich hin: »Das wird ein guter Bissen werden.« Da packte sie Hänsel mit ihrer dürren Hand und trug ihn in einen kleinen Stall und sperrte ihn mit einer Gittertüre ein; er mochte schreien, wie er wollte, es half ihm nichts. Dann ging sie zur Gretel, rüttelte sie wach und rief: »Steh auf, Faulenzerin, trag Wasser und koch deinem Bruder etwas Gutes, der sitzt draußen im Stall und soll fett werden. Wenn er fett ist, so will ich ihn essen.« Gretel fing an, bitterlich zu weinen, aber es war alles vergeblich, sie musste tun, was die böse Hexe verlangte.

Beide Kinder sind sofort im Hexenkreis eingefangen und können sich dem Erfahrungsprozess nicht mehr entziehen. Im Hexenhaus erfährt man aber auch etwas ganz Neues über die beiden Kinder. Sie sind gar nicht verhungert, blass, elend und hohläugig, mit aufgetriebenem Leib wie die Hungerkinder der Welt, sondern haben volle rote Backen und alle Lieblichkeit schlafender Kinder. Die kleine alte Frau kann den Hänsel mühelos in den Stall tragen, so klein ist er noch. Und sie sperrt ihn ein wie in ein Laufställchen aus den Kleinkindertagen, wenn ein Kind gerade das Laufen lernt. Die Hexe muss also über erheblich mehr Kraft verfügen, als es von ihrer Größe her schien.

Gretel jedenfalls fängt wieder an zu weinen, aber sie muss dennoch tun, was die Alte sagt, und das nun mit dem klaren Wissen, dass gerade ihr Tun es sein wird, das den Tod des Bruders herbeiziehen soll, wenn er »ein fetter Happen« geworden ist. Könnte es vielleicht wichtig sein für jedes Mädchen, für jede Frau, zu wissen, was der Hexenaspekt, die Hexendynamik oder eben auch die Hexenkräfte für die Selbsterkenntnis der ganzen weiblichen Möglichkeiten zu bedeuten haben?

Hänsel, der ja von Anfang an immer der Tröster und der Handelnde war, spielt noch einmal den Trixter, den Narren mit dem klugen und gewitzten Einfall, indem er der alten Hexe ein Knöchelchen hinhält und sich damit dem Zugriff immer wieder entziehen kann.

Gretel erschien bisher, dem gängigen Urbild des Mädchens entsprechend, passiv, voller Ängste und weinte bei jeder Gelegenheit. Der harte Zugriff durch die Hexe aber ruft nun auch in ihr bisher brachliegende Kräfte wach. Es muss sich also in ihr auf diesem Leidens- und Initiationsweg eine ganz entscheidende Veränderung und Reifung angebahnt haben, denn nun wird sie aktiv, realistisch und wahrnehmend, vorsichtig handelnd und geschickt reagierend. Es mutet auf einmal so an, als ob sie von einem tiefen Wissen her genau das Richtige tun könne. Sie lässt sich das Rettende einfallen. Während Hänsel, anfangs sehr naiv, der unsichtbaren, nicht so leicht fassbaren Bedrohung durch die Eltern gegenüber standhaft war und, im Sinne christlicher

Verheißung des Schutzes durch den Gottvater, die Wegführung übernommen hatte, bewirkt die Lebenserfahrung, die Gretel bei der Wanderung durch den Wald machte, einen deutlichen Reifungsschritt ihrer Kinderseele. Eigene Kräfte werden in ihr geweckt, und an die Stelle ihrer Todesangst tritt die kreative Fähigkeit, ihre Chance zu erkennen. Sie zeigt nun die gleiche Gewitztheit, Schläue, Energie und Beobachtungsgabe wie der Bruder vorher. Je mehr sich die Kinder dem weiblich-mütterlichen Bereich des Waldes und schließlich dem bedrohlichen Hexenbereich der Großen Mutter nähern, desto mehr wachsen die Abwehrkräfte in Gretel, während Hänsel in Gefangenschaft gerät.

Die Überwindung von Angst und Trennung wird hier im Märchen sichtbar und erfahrbar für alle kleinen Hänsels und Gretels, indem sie sich mit der Überlebenskunst und dem rührenden, kindlichen Heldentum identifizieren können, um am Ende dem Schatz zu begegnen. Es ist also möglich, Ängste zu haben und sie zu überwinden, indem man auf die innere Stimme lauscht, die dem Bewusstsein Ideen vermittelt, bei denen es darauf ankommt, sie mit der aktuellen Realität des Augenblicks zu verbinden. Jeder darf Angst haben, ohne verhöhnt zu werden. Jeder darf weinen, ohne entwertet zu werden.

Gretel und Hänsel erleben jedenfalls, dass Leiderfahrung und das Bestehen von Widerständen zu Schätzen führen können, die sonst im Inneren des Hauses – und das heißt auch des inneren Seelenhauses – verborgen geblieben wären. Der Ruf: »Lieber Gott, hilf uns doch« ist nun an die Stelle des naiv-vertrauensvollen »Gott wird uns schon helfen« getreten. Denn nun soll die Schicksalsstunde der Geschwister schlagen.

Es ist wohl Zeit, nach der inneren Gesetzmäßigkeit dieses Bildes zu fragen. Brüderchen und Schwesterchen kennzeichnen ja nicht nur sich als Einzelne, sondern auch die

Nestbezogenheit des gemeinsamen Ursprungs, die Zugehörigkeit zu einer Familie, die geschwisterliche Beziehung zwischen gegensätzlichen Geschlechtern und sowohl die individuelle als auch die gemeinsame Beziehung zu den Eltern und Erwachsenen. Sie sind Handlungsträger nach innen im eigenen Werdeprozess und nach außen in der jeweils an sie delegierten Rolle. Man könnte sich ja ganz einfach an diesen »ach so lieben Kindern« freuen. Vielleicht möchte das Märchen gar nicht mehr sagen. In sehr schlichter Weise wird hier auf die Geschwisterliebe angespielt. Beide Kinder sorgen sich umeinander und füreinander. Es ist wie eine Vorschule für die Liebe zum anderen Geschlecht. Aber es gibt Beispiele für Beziehungen, die durchaus nicht so konfliktlos sind, wie dieses Märchen sie darstellt.

Da gibt es die Ehe, in der man sich wie Brüderchen und Schwesterchen fühlt, weil zwei Ahnungslose sich heirateten und niemand da ist, der sie »erlöst« – oder weil eine solche Ehe sehr viele Beziehungsmöglichkeiten des Einzelnen nach außen hin ermöglicht. Aber es gibt auch junge Paare, bei denen der Mann Potenzstörungen hat und seine Ehefrau immer wieder kontrolliert, ob »er« schon dick wird. Auch diesem Mann fiel der Hänsel ein, und er beschimpfte seine Frau als Hexe. »Die will mich ja nur verschlucken«, war sein heftiger Kommentar. Seine sehr junge und sehr niedliche Ehefrau aber sagte unter Tränen: »Ich will doch nur lieb sein, und manchmal wird er dann doch dick.«

Das hörte sich im so übermäßig aufgeklärten letzten Drittel des 20. Jahrhunderts unglaubwürdig an. Aber im Bereich der Lebensberatung begegnet man einer Realität, die nicht nach Theorien, Ideen, Trends oder Entwicklungsschüben des menschlichen Bewusstseins fragt, und gerade hier ist der nach wie vor lebendige Hintergrund von Mythen und Märchen oft ein hilfreiches Angebot. In diesen uralten Dokumenten der menschlichen Seele kann man immer wieder Strahlkraft und wirksame Macht erleben. Immer wieder einmal muss ich bewundernd und mich wundernd an das Wort denken, das Lao-tse gesagt haben soll: »Wahre Macht ist das Zarteste, was es gibt.« Es war nicht allzu schwer, diesen beiden jungen Menschen den Weg aus der Hänsel-Hexe-Gretel-Situation heraus zu zeigen. Die reinigende Flamme war eigentlich schon angezündet, als sie sich auf die Suche nach einer Lösung begaben. »Gretels Schürzchen« erhielt seinen Schatz, und »Hänsel« brauchte kein »dünnes Stöckchen« mehr, um die Hexe zu täuschen. Aber solche glücklichen Lösungen – »und wenn sie nicht gestorben sind, dann leben sie heute noch« – sind durchaus nicht immer die Regel. Das Märchen chiffriert Mögliches, aber es signalisiert auch die Möglichkeiten der Versäumnisse, der Kompensationen, der Schwächen und der Fehler.

Die Bewusstwerdung ihrer seelischen Potenzen ist zweifelsohne ein wichtiges und notwendiges Thema für das Mädchen und die Frau der Zukunft. Denn hier liegen die Wurzeln ihrer Persönlichkeit. Das im 20. Jahrhundert zusehends und zunehmend sterbende konventionelle patriarchale Vorstellungsbild von der Frau als Mutter und Gattin entspricht nicht mehr den modernen Anforderungen und der Erwartung der Frau an sich selbst. Schon Nora, die junge Rebellin aus Henrik Ibsens Drama, antwortet ihrem Mann, als er sie an ihre »Hauptpflicht als Gattin und Mutter« erinnert: »Vor allem bin ich Mensch ..., ich kann mich nicht mehr damit abfinden, was die allgemeine Meinung sagt, und was in den Büchern steht.« Darum muss die Frau heute eine bewusste und persönliche Verantwortung als Mutter mit dem bewussten Ja oder eben bewussten Nein zum Kind übernehmen. Heute entscheiden sich aber auch schon viele junge Frauen dafür, als freie Partnerinnen mit einem Mann zusammenzuleben und keine Ehe einzugehen, und es gibt Partnerinnen, die berufstätig sind, Ehefrauen, die berufstätig sind, und Ehefrauen, die berufstätig sind und Kinder haben. Auf alles dieses aber müssten sie vorbereitet sein. Denn es bringt letztlich keinen Segen, als Berufspartnerin anerkannt zu werden, aber als Mutter zu versagen und vom Kind zu hören: Meine Mutter hatte nie Zeit. Ebenso aber wird die Frau heute als Nur-Mutter nicht allzu glücklich sein, weil die Kinder sehr früh eigenständig werden und die »Brutgefühle« dann ins Leere strömen. Darum trifft man häufiger gerade solche Mütter, die die Kinder unbewusst »hexenhaft« festhalten wollen, ohne dass ihr Bewusstsein in der Lage wäre, die schädigenden Einflüsse auf die eigenständige Entwicklung der Kinder zu beobachten.

Ich denke dabei an einen fast dreizehnjährigen Buben, der in der Schule und in seiner Klasse unfähig war, irgendeinen Kontakt herzustellen. Trotz sehr guter Schulleistungen – oder vielleicht gerade sogar deswegen – wurde er von seinen Klassenkameraden gehänselt, abgewiesen und zeigte sich wehrlos auch gegen gröbere Übergriffe. In einem gemeinsamen Gespräch hatte er ein Bild »Hänsel und Gretel« gemalt und auch das Märchen dazu erzählt. Er erinnerte den ersten Teil sehr genau und erzählte sachlich und differenziert. Die Szenen mit der Hexe fasste er auf das Kürzeste zusammen und ging ganz schnell weiter zu der geglückten Rückkehr der Kinder zum Vater. Auch den Tod der Stiefmutter überging er mit Schweigen. Auf seinem Bild hatte er zwar das Hexenhaus sehr groß dargestellt, aber die Hexe fehlte. Man könnte dies als einen Hinweis darauf verstehen, dass die Auseinandersetzung mit den ihn festhaltenden und kleinhaltenden Hexentendenzen der Mutter noch nicht stattgefunden hatte. Es schien so, als würde seine Mutter, die eine sehr innige Beziehung zu ihm hatte – er war der Jüngste in einer größeren Geschwistergruppe –, ihn mit ihrer verwöhnenden Haltung »liebevoll kastrieren«.

Natürlich war es weder ihm noch eben auch der Mutter bewusst, wie sehr sie ihm mit ihrer, so gut gemeinten, Verwöhnung schadete. Auf seinem Bild war ein riesiger Baum dargestellt, der ohne Wurzeln, aber auch ohne Kopf, geradezu wie eine Demonstration des Phallischen, die ganze rechte Bildhälfte einnahm. Möglicherweise bildete er symbolisch ein Gegengewicht gegen den Einfluss der unsichtbaren Hexe. Ein aggressives Sich-Wehren gegen die verzuckernde Verwöhnungshaltung der Mutter – man denke an das süße Pfefferkuchenhäuschen – ist ihm ganz offensichtlich zur Zeit unseres Gespräches noch nicht möglich gewesen. Interessanterweise zeigte er eine ausgeprägte und auffallende Angst vor Schlägen der Mitschüler, gegen die er sich eben nicht wehren konnte, obwohl er ein kräftiger Junge war. Dazu bestand eine ausgesprochene Angst, irgendwo Raum einzunehmen. Er saß meistens auf der Stuhlkante und hatte eine auffallend leise und noch ganz vorpubertäre helle Knabenstimme.

Diese Mutter hatte einen sehr anspruchsvollen Beruf – sie hatte Medizin studiert –, hatte ihre Berufstätigkeit bei der wachsenden Kinderzahl aber aufgegeben und sich ganz dem sie voll ausfüllenden Beruf als Hausfrau und Mutter hingegeben. Sie hatte ein zeitlich und inhaltlich sehr ausgefülltes Leben geführt und die ehemals große Befriedigung, die sie im Beruf erleben konnte, total verdrängt. Nun aber, beim Älterwerden der Kinder, meldeten sich plötzlich die ungelebten Möglichkeiten und machten ihr bisher noch ganz unbewusste Ängste. Man könnte meinen, dass sich hier das noch Gretelhafte zur Reifung anmeldet und helfen muss, die Hexe im Flammentode des Lebens in die Wandlung zu schicken.

Die heutige junge weibliche Generation weiß wenig von den Verdiensten, die sich die ersten Führerinnen der Frauenbewegung um die Rechte der Frau in der Gesellschaft erworben haben. Ausbildung, Studium und Beruf sind längst selbstverständliche Kombinationen für sie geworden. Dadurch aber haben sich auch viele neue Probleme ergeben, sowohl für die geänderte Gesellschaft als auch für die einzelne Familie und die Frau selbst. Statt unklare Phantasien oder Meinungen, fremde Wert- und Leistungsvorstellungen und veraltete Rollenmuster einer patriarchalen Welt zu übernehmen, muss die Frau lernen, in der Erkenntnis ihres eigenen Wesens ein neues Verhältnis zur Realität zu bekommen. Dies ist umso schwerer für sie, als sie hier an die seit Jahrhunderten geprägte Vorstellung von der »Überlegenheit des Mannes« stößt. Sehr oft muss sie daher ein Vorurteil im *eigenen* Ich-Bewusstsein beseitigen und aus dem gewohnten Wertbereich von männlich und weiblich aussteigen. Das aber heißt Suche nach einer neuen Identität.

In diesem Zusammenhang erinnere ich mich an eine junge Frauenärztin, die sehr darunter litt, dass sie in Diskussionen oder in Gesellschaften, aber auch in ihrer Ehe, oft den Drang hatte, sich in den Vordergrund zu spielen. »Ich habe dann zwar einen momentanen Erfolg, da meine Aussagen geschickt und treffend sind, aber ich bleibe meist mit dem peinlichen Gefühl zurück, dass man mich nicht mag.« Da ihre vielbesuchte Praxis und manche äußere Anerkennung gegen dieses Gefühl sprachen, musste der Konflikt in einer tieferen Schicht ihrer Seele liegen. Auf ihrer Suche nach sich selbst begegnete sie einem Traum, der sie nachhaltig beeindruckte. Sie träumte:

»Ich arbeite in einer Studierstube an einer mir aufgetragenen Arbeit. Da höre ich eine weibliche Stimme sagen, ich sei zwar begabt, aber ich arbeitete nur, um das nach außen zu dokumentieren. Ich bin sehr betroffen und traurig. Ich ziehe mich daraufhin in die Küche zurück. Da sehe ich, dass überall auf dem Geschirr Staub liegt. Ich fange an, sauber zu machen. Da kommt mein alter Lehrer zufällig herein und bittet mich um Wasser zum Trinken. Ich gebe es ihm schweigend. Er sieht mich an und sagt ganz beiläufig: ›Wer ganz heruntergefallen ist, wird einmal ganz oben sein, bei Tisch sollen Sie heute neben mir sitzen.‹«

In diesem Traum geht es ums Lernen, um die Küche, um das Essen. Wenn sich das Bild auch mit anderen Facetten zu einem Ganzen zusammensetzt, so ist es doch vergleichbar mit der Gretel-Situation. Im Märchen handelt es sich um Reifungsschritte eines kleinen Mädchens, im Traum bei der jungen Frau um innere Reifungs- und Erkenntnisschritte in ihrer aktuellen Lebenssituation. Die junge Ärztin liebte ihren Beruf sehr, sie hatte in dem Gebiet der Frauenheilkunde einen besonderen Auftrag für sich darin gesehen, ihren leidenden Geschlechtsgenossinnen zu helfen. Darum hatte sie den Beruf auch trotz Ehe und Mutterschaft weiter ausgeübt. Es wird aber in diesem Traum sehr deutlich gezeigt, dass die echte Begegnung mit der lebendigen Weiblichkeit nicht am Schreibtisch stattfinden kann, sondern eben im weiblichen Raum, in der Küche. Da fließt das lebendige Wasser des Lebens, so wie auch Gretel Wasser holen muss und das Feuer hütet. Der alte Lehrer als Verkörperung alles dessen, was die Ärztin einst gelernt hatte und nun als geistige Fülle besitzt und in sich trägt, macht sie sehr deutlich auf den Gegensatz von Außen und Innen, aber eben auch auf die Notwendigkeit von Verlust und Gewinn als Lebensrealität aufmerksam.

Am stärksten beeindruckt war die Träumerin durch die »weibliche Stimme«. Sie war für sie wie ein religiöses Erlebnis, und es fiel ihr dazu die Große Göttin ein. Sie hatte sich, auch aus beruflichem Interesse, sehr für das weibliche Bewusstsein und das Wesen der Frau in den Frühkulturen interessiert. Sie hatte sich auch einmal einen Absatz aus einem Buch abgeschrieben, der sie tief beeindruckte, dessen Titel sie aber vergessen hatte. Diese Worte waren ihr zu ihrem Traum wieder eingefallen und hatten folgenden Wortlaut:

»Ich, die ich die Schönheit der grünen Erde bin und die weiße Mondin unter den Sternen und das Mysterium der Wasser, ich rufe eure Seelen, sich zu erheben und zu mir zu kommen. Denn ich bin die Seele der Natur, die das Universum lebendig macht, aus mir gehen alle Dinge hervor, und zu mir müssen sie zurückkehren. Ehret mich fröhlichen

Herzens, denn seht, alle Akte der Liebe und der Freude sind meine Rituale. Lasst in euch walten Schönheit und Stärke, Kraft und Leidenschaft, Ehre und Demut, Heiterkeit und Ehrfurcht. Und ihr, die ihr mich erkennen wollt, wisset, dass euer Suchen und Sehnen euch nicht helfen wird, es sei denn, ihr kennt das Mysterium: Denn wenn ihr das, was ihr sucht, nicht in euch selbst findet, werdet ihr es auch niemals außer euch finden. Denn seht, ich bin bei euch gewesen von Anbeginn, und ich bin es, zu der ihr am Ende eurer Wünsche gelangt« (Starhawk).

Ich kannte diesen Text und konnte ihr daher den eigentümlichen geistigen Zusammenhang zwischen ihrem Traum, der weiblichen Stimme und diesen Worten der »Großen Göttin« aufzeigen. Das lange verborgen gebliebene Erbe aus den matriarchalen Kulturen stößt auf immer größeres Interesse. Mit großer Intensität versuchen besonders jüngere Frauen, die mythologischen Überlieferungen und die Hieroglyphen der Mysterien mit allen der Geisteswissenschaft zur Verfügung stehenden Möglichkeiten zu erschließen, zu entziffern. Vor allem aber – und das ist wohl sehr weiblich – bleiben sie mit diesen Forschungsergebnissen nicht im theoretischen Raum, sondern versuchen weltweit, praktisch damit umzugehen. Von daher ist es im Traum der jungen Frau besonders interessant, dass sie vom Ort der Theorie – nämlich dem Schreibtisch – gerade in den Handlungsort der Küche verwiesen wird, den man von der Symbolchiffre her als inneren Wandlungsort verstehen kann. Sie ist der Ort der Nahrung, der Gestaltung von Neuem aus elementaren Naturstoffen und war von jeher der Ort des Wassers und des Feuers. Wer so tief vorstößt in das eigene Innere, in den archetypischen Bereich der eigenen Seele, der befindet sich nahe den ewigen Weissagungen der Menschheit und wird offen sein für das, was die Menschheitsgeschichte in den heiligen Büchern der Offenbarungen aufbewahrt hat.

»Ich bin wie die Hexe«

Nun ward dem armen Hänsel das beste Essen gekocht, aber Gretel bekam nichts als Krebsschalen. Jeden Morgen schlich die Alte zu dem Ställchen und rief: »Hänsel, streck deine Finger heraus, damit ich fühle, ob du bald fett bist.« Hänsel streckte ihr aber ein Knöchlein heraus, und die Alte, die trübe Augen hatte, konnte es nicht sehen und meinte, es wären Hänsels Finger, und wunderte sich, dass er gar nicht fett werden wollte. Als vier Wochen herum waren und Hänsel immer mager blieb, da überkam sie die Ungeduld, und sie wollte nicht länger warten. »Heda, Gretel«, rief sie dem Mädchen zu, »sei flink und trag Wasser: Hänsel mag fett oder mager sein, morgen will ich ihn schlachten und kochen.« Ach, wie jammerte das arme Schwesterchen, als es das Wasser tragen musste, und wie flossen ihm die Tränen über die Backen herunter! »Lieber Gott, hilf uns doch«, rief sie aus, »hätten uns nur die wilden Tiere im Wald gefressen, so wären wir doch zusammen gestorben.« – »Spar nur dein Geplärre«, sagte die Alte, »es hilft dir alles nichts.«

Hier begegnet man wieder der Ungeduld als Mordmotiv. Zuerst einmal glückte es Hänsel, die alte Frau zu täuschen. Wieder ist es Blindheit, dieses Mal tatsächlich der Augen, die stärker ist als alles Hexenwissen. Eine solche Blindheit bezieht sich eigentlich meistens auf die eigenen Schwächen. Beim anderen sieht man ganz schnell, was falsch oder böse oder einfach ärgerlich ist. Das »Du bist schuld oder hast Schuld« ist so viel schneller gesagt und auch gedacht als »Ich bin schuldig«. Und wie vieles würde sich ändern in der Ehe, in der Partnerschaft, in allen Beziehungen überhaupt, wenn jeder den Mut hätte, sich zunächst zu fragen: Was ist *mein* Fehler?

Man könnte meinen, sie zu sehen unter der kollektiven Chiffre für das Hexenbild: abstoßend, hässlich, mit riesigem Mund, großer Hakennase, oft mit einer Warze versehen, Kopftuch, mit ungepflegten grauen Haaren, klein, mit riesigem Buckel, einem Knotenstock in der Hand und als variierende Begleittiere den Raben auf ihrer Schulter oder einen schwarzen Kater, die Krähe, die Kröte, vor allem aber immer Haustiere. Sie ist uralt, aber ihre Zauberkräfte vermögen es auch, dass sie jungfräulich, schön und unberührt erscheinen kann. Wer oder was ist die Hexe? Wofür steht sie? Worin liegt ihr Sinn? Was ist ihr Auftrag?

Wie das Märchen zeigt, ist sie nicht unüberwindbar. Sie ist zwar mächtig, sie weiß viel, aber sonderbarerweise lässt sie sich überlisten. Sie hat also ganz offenbar nicht die transzendierende Kraft der alles erkennenden Weisheit. Dementsprechend fehlt es ihr auch an Güte. Jeder direkte Widerstand macht sie böse und ruft ihre bannenden, verzaubernden Kräfte auf den Plan. Schmeicheleien tun ihr gut, scheinbare Anpassung – man könnte auch sagen Liebedienerei – täuscht ihre Wahrnehmungsfähigkeit. Sie ist egozentrisch, haben-wollend und vermag nicht zu lieben.

Hier fängt das Märchen eigentlich an, recht spannend zu werden. Bisher durchzog alles eine gewisse Trauer und auch quälende Verlangsamung, so wie in manchen langweiligen Geschichten, in denen lange um das Eigentliche herumgeredet wird. Jetzt naht die dramatische Zuspitzung. Es sieht so aus, als würde es nun endlich passieren, was der Vater und die Mutter so gründlich geplant hatten: das Gefressenwerden – entweder von den Tieren des Waldes oder von der Hexe. An die Hexe hatten die Eltern ja nicht gedacht, obwohl die Stiefmutter dieses Hexenwesen ziemlich deutlich in ihrer eigenen Seele gespürt haben muss, denn der seelische Anteil an Stiefmütterlichkeit ist ebenso angeboren wie das Hexenhafte und die Mütterlichkeit. Die dem weiblichen Menschen innewohnende Fähigkeit, mütterliches Wesen überall da wirksam werden zu lassen, wo der nährende und wärmende Schutz angefordert wird, kann sich durch Frustration und Enttäuschung in eine egozentrische und dann tatsächlich räuberische und hexenhafte Ich-Bezogenheit verwandeln.

Die übliche Vorstellung von der Hexe meint nur die eine Seite dieser teils menschlichen, teils unmenschlichen Gestalt. In einer viel früheren Zeit, bevor das Christentum sich ausbreitete, war die Hexenfrau eigentlich eine Göttin, die vieles über die Heilkunde wusste – als Kräuterhexe –, die mit den Schätzen der Erde vertraut war, Krankheiten heilen konnte und die vor allem das Ur-Wissen über Geburt und Tod als Geheimnis der Eins und der Zwei besaß. Als Schicksalserfüllerin konnte sie ebenso voller Güte wie auch voller Härte sein, und sie war mächtig über das Chaos, den Ur-Grund alles Schöpferischen. Sie ahnte die Zukunft, hatte Visionen, in denen sich Lebenswege einzelner Menschen verknüpften, bei denen sie selber manchmal Knoten löste oder verband. Ihre Macht bestand darin, dass sie *mit* der Natur, nicht *gegen* sie lebte und sich dadurch zutiefst mit ihr verbinden konnte. Sie konnte die Natur wie eine mächtige Waffe zum Schutz und zum Angriff benutzen, denn sie kannte und anerkannte ihre Gesetze. Psychologisch gesehen, wird auch hier der außerordentlich vielfältige Komplex des großen Weiblichen mit den Möglichkeiten der Großen und mächtigen Göttin und allen dämonischen Dunkelaspekten sichtbar.

Hänsel und Gretel sind also offenbar an einem wichtigen Erfahrungsort angekommen, aber es ist noch nicht das Ende ihrer inneren Reise. Hier gilt es wohl ein besonderes, wahrscheinlich seelisches Früherlebnis aufzuarbeiten. Es könnte mit dem frühen Tod ihrer eigenen Mutter zusammenhängen, denn man hört ja nur von einer Stiefmutter als Schicksalsträgerin aller mütterlichen Negativität.

Denn am Anfang ist nur die Mutter! Alle Welterfahrung für das Kind heißt Mutter. Wärme und Nahrung, Herzschlag und Stimme ist sie zunächst. Dann aber verwandelt sich der Raum dieses Einheitsmysteriums durch die Trennungserlebnisse der Lebensreifung. Und während im Wachstum des Körpers und der Seele in der Außenwelt andere Lebensbezüge an Bedeutung zunehmen, wird in jedem Kind in seinem Inneren die Mutter zu einer segnenden transpersonalen Kraft. Diese zunächst körperliche und später geistig-seelische Abnabelung ist ein immanentes Entwicklungsgesetz und hat von jeher in Mythen und religiösen Gebräuchen seinen Ausdruck gefunden.

Im Zusammenhang mit diesen natürlichen Ablösungen und Entwicklungsvorgängen der körperlichen und psychischen Reifung ist es eine interessante Tatsache, dass bei den Einweihungsriten der Naturvölker die Einweihungshäuser tief im Wald errichtet wurden. Sie wurden nur von Männern erbaut, und die Einweihung erfolgte nur durch Männer. Diese Häuser hatten häufig die Form eines Fisches mit riesigem offenem Maul. Symbolisch wurden also die Jünglinge gefressen – ein geistiges Handlungsgeschehen und Hinüberwechseln aus der hütenden Mutter-Kind-Beziehung in die Beziehung zu Mensch, Gott und Welt.

Eine Analogie dieser frühen Rituale findet man in der biblischen Überlieferung von Jona, der von einem Walfisch verschluckt und, im Auftrage Gottes, wieder an Land gespuckt wird. Durch die Macht des Vatergottes erlebt er dabei ein inneres Wandlungsmysterium. Er erreicht neue Erkenntnismöglichkeiten, indem er von der einen in eine neue Bewusstseinsstufe hineinwächst. Und auch in dem Christuswort: »Wisset ihr nicht, dass ich sein muss in dem, das meines Vaters ist?« liegt der Schritt in den neuen Entwicklungsraum verborgen. Noch heute aber kennt man im Volksmund die Rede: »Jetzt habe ich es gefressen« und meint damit jeweils einen ganz bestimmten Erkenntnisvorgang im Bewusstsein. Das kleine Pfefferkuchenhaus im Walde hat zwar seine Form verändert, aber nach wie vor geht es um das Verschlucktwerden – und um Wandlung.

Die Kinder können nicht ahnen, dass sie eine »Feuerprobe« bestehen müssen, um das Endziel dieses Weges erreichen zu können. Aber es ist Gretel, die das naiv-vertrauensvolle Wort des Hänsels »Gott wird uns helfen« in die imperative Form verwandelt: »Lieber Gott, hilf uns doch!«

Dieses Wort erinnert mich an ein junges Ehepaar, in dessen Lebensgeschichte ein dunkler und schwerer Schatten gefallen war. Es ist der Vater, der seine Not, mühsam nach Worten ringend, berichtet. Er ist auffallend groß, hält sich sehr gerade und hat einen langsamen, schweren Schritt. Seine tiefliegenden, blassen blauen Augen haben einen ruhigen Blick. Er wirkt ein wenig wie ein Lehrer oder Pfarrer, aber er ist Förster. Er ist also ein Hüter des Waldes und der Tiere. »Wir sind seit sechs Jahren verheiratet, und ich liebe meine Frau.« Diese Eingangsworte wirken auffallend unmittelbar, man könnte fast meinen, dass gerade diese Liebe bedroht scheint, da er sie quasi wie einen Ausweis als erstes vorzeigen möchte. Sie haben drei Kinder. Das Jüngste ist drei Monate alt. Seit der letzten Schwangerschaft habe sich seine Frau entsetzlich verändert. Irgend etwas Schreckliches habe von ihr Besitz ergriffen und halte sie in seinem Banne. Es sei so furchtbar, dass er sich gar nicht getrauen würde, es auszusprechen. Es komme anfallsweise über sie, und wenn es vorbei sei, überfalle sie panische Angst und sie könne es kaum noch ertragen, allein zu sein. Einige Male sei sie schreiend zu ihm gelaufen gekommen und habe ihn kniend angefleht, sie festzubinden, damit sie sich nicht mehr rühren könne, wenn er das Haus verließ.

Seine Stimme brach plötzlich ab, und ein schweres Schluchzen erschütterte seinen ganzen Körper. Es war ein fast tonloses Flüstern, als er formulierte: »O mein Gott, warum hast du uns verlassen? In meinem Haus war so viel Liebe, und jetzt lauert es da wie eine böse, schwarze Spinne, die meine Kinder fressen will.«

Bei diesem unheimlichen Bild, das der verzweifelte Mann mit seinen Worten auftauchen ließ, war es, als würde er die Dämonie der schwarzen Spinne beschwören, die als Pestchiffre in die Literatur eingegangen ist und in der Novelle »Die schwarze Spinne« von Jeremias Gotthelf eine grandiose dichterische Vision erfahren hat. Es war, als würde er das mythische Bild der Arachne, der Spinnerin des Bösen, kennen, die von Pallas Athene, der griechischen Göttertochter, wegen ihrer Liebesabenteuer mit den Göttern in eine Spinne verwandelt wurde und nun ewig am selbstgesponnenen Faden hängt. Es ist für die Phantasie – oder wie man heute psychologisch sagen würde, für die Projektion – gerade die Spinne, in der sich alles Böse, Todbringende und Vergiftende der Frau verkörpern kann. Das immer wieder so schwer verstehbare Wesen der Frau, der Gebärerin, aber auch der Todesgöttin mit dem empfangenden Erdschoß, findet in den mythischen Bildern seine Erklärung. Die Nornen am Schicksalsbrunnen spinnen den Lebensfaden, aber sie schneiden ihn eben auch ab, wenn sich das Lebensschicksal erfüllt hat. Vereinigung und Trennung, höchste Liebe und tiefster Schmerz liegen in der Beziehung von Frau und Mann dicht beieinander.

Der schwer erschütterte junge Mann rang um Fassung. Er war aufgestanden und ging einige Male unruhig im Raum umher. Er war auf die Tür zugegangen, als wollte er hinausgehen, aber er drehte sich langsam herum und schaute mich von dorther verzweifelt an: »Bitte, helfen Sie mir, meine Frau will meine Kinder, vor allem das Baby, umbringen.«

Es war fast so, als hätte die größere Entfernung im Raum, vielleicht aber auch die Möglichkeit zu sofortiger Flucht durch die Tür nach draußen ihm das Geständnis einer solchen Ungeheuerlichkeit ermöglicht.

Er starrte mich an, wahrscheinlich ohne mich zu sehen. In bemerkenswerter Weise aber schien er sich, und auch die Atmosphäre im Raum, zu entspannen. Es war so, als könnte er spüren, dass mich diese Mitteilung weder entsetzte noch schockierte. Sie machte mich traurig, aber sie war mir nicht fremd. Mehrfach hatte ich dieses Symptom bei ganz jungen Müttern beobachtet, aber auch in Variationen bei etwas reiferen Frauen. Immer bedeutete es einen furchtbaren Schrecken für die Umwelt und für die betroffenen Mütter selber. Einmal erlebte ich es bei einer sehr jungen Frau, deren Kind kurz nach der Entbindung gestorben war und die in ihrer Trauer immer wieder am Fenster saß, anderen Kindern nachschaute. Ganz tief in ihrem Inneren war dann der Wunsch, diese umzubringen.

Viele unbewusste, seelische Impulse brechen hier ungesteuert in das Ich-Bewusstsein ein, verdichten sich zu einem gewalttätigen Zwang, der vom Ich nur mit allen zur Verfügung stehenden Kräften an der Tat gehindert werden kann. Niemand ahnt die dunklen Pläne eines solchen Zwanges. Leider geschieht es immer wieder einmal, dass die Polizei den Schlussstrich ziehen muss unter eine Untat oder ein Verbrechen, das im Raum entsetzlicher Einsamkeit, Verlassenheit und einem Wall von Nichtverstehen-Können endet: Eine Mutter tötet ihr eigenes Kind.

Schmerzlich fühlte ich meine Hilflosigkeit, ich konnte den Kummer dieses Mannes nicht mit einer Zauberdroge beseitigen, denn mein Wissen nützte ihm nichts. Gleichzeitig aber war in mir auch alle Hoffnung, dass dieses junge Elternpaar die tödliche Bedrohung, die in ihren Lebensraum eingedrungen war, in gemeinsamer Arbeit überwinden und die Schwelle zu wachstumsträchtigem Leben überschreiten könne.

Dieses Gefühl bestimmte auch das Gespräch mit der jungen Mutter selber. Sie war eine hübsche, zierliche Person mit einem kräftigen Händedruck und energischen Bewegungen. Das schmale Gesicht hätte madonnenhaft wirken können, wenn nicht die auffallend großen, dunklen Augen mit einem wie »brennenden Blick« gewesen wären. Wenn sie sie niederschlug, sah sie kindlich und liebreizend aus. Ihre Stimme war ein wenig hart, konnte aber, wie sich später herausstellte, sehr warm und weich klingen. Sie wirkte ausgesprochen intelligent und erstaunlich sachbezogen: »Mein Mann hat Ihnen ja schon alles erzählt«, kürzte sie schon zu Beginn ein zu langes Drumherumreden ab, »ich komme mir vor wie die böse Stiefmutter in Hänsel und Gretel – oder eigentlich noch viel schlimmer: wie die Hexe, die die Kinder auffressen will.« Und nach einer Pause setzte sie mit einer sich plötzlich verdunkelnden Stimme hinzu: »Lange halte ich das nicht mehr aus, aber bevor ich das tue, bringe ich mich selber um.«

Wieder Hänsel und Gretel, dachte ich. Oft schon war es mir als Lieblingsmärchen von Kindern begegnet, bei Erwachsenen – wenn überhaupt – als »das böse Märchen«. Und immer wieder hatte es mich fasziniert, was aus den verschiedenen Bildern des Märchens sich mit der Lebensaktualität des Betreffenden verbinden wollte.

Für die dem Töten so nahe junge Frau war es die Stiefmutter und die Hexe, die sich aus der unbewussten Tiefenschicht ihrer eigenen Seele als gefährliche Tendenz ins Bewusstsein drängte, ohne dass es ihr glücken wollte, sich ihrer zu erwehren. Das Unbewusste übernahm anfallsweise die Herrschaft über ihr Bewusstsein, aber es signalisierte eben auch, dass da etwas saß, was das Bewusstsein vielleicht verdrängte und was bearbeitet werden müsste, damit die Energie heraus könnte aus einem Komplex in der Tiefe. Denn was aus dem dunklen Inneren uns verfolgt, möchte in das Licht unseres Tagesbewusstseins, dann können sich die lichten und dunklen Kräfte vereinigen und schließen Frieden miteinander.

Gleichsam unter Anleitung und Führung der Märchensymbolik fragte ich sie: »Gibt es denn in Ihnen wirklich etwas Stiefmütterliches, etwas, das wie ein Ersatz ist und nicht wie eine warme Verbindung über den Blutstrom durch die Nabelschnur? Ist da irgendwo eine Lücke zwischen Ihrem Körper, der Ihre Tochter geboren hat, und Ihrer Seele, die vielleicht an der Schwangerschaft und Geburt keinen Anteil gehabt hat?« Sie war zunächst sehr überrascht, sie verstand vielleicht die Frage gar nicht gleich. Bisher hatten alle immer nur versucht, ihr alles auszureden, zu begütigen, es als Wahnvorstellung und Einbildung beiseite zu schieben. Eigentlich hatte sie sich dadurch in dem Schrecklichen immer allein gelassen gefühlt. Die anderen hatten Angst vor ihr. Das hatte sie auch deutlich gespürt. Man traute ihr nicht mehr. Diese Frage jetzt führte sie ganz zu sich selber, suchte einen Weg zu den Wurzeln. Sie brauchte für kurze Zeit nicht alle Energie gegen den Zwang aufzubringen. »Stiefmütterlich?« wiederholte sie nachdenklich. »Das hört sich irgendwie ganz anders an als Stiefmutter, das kann ich begreifen, das ist fassbar. In der Schwangerschaft war ich keine, oder wenigstens nicht immer eine gute Mutter. Ich habe mich schlecht gefühlt, ich wollte, wenn ich ganz innen ehrlich bin, das Kind nicht, jedenfalls zu der Zeit nicht, und das ist doch schon stiefmütterlich. Es war mir zuviel, ich hatte das Gefühl, ich müsste sterben. Ich müsste etwas aufgeben von mir selber, so als würden nur noch Teile von mir leben und ich als Ganzes verlorengehen. Ich habe es geträumt, es war entsetzlich.«

Ich musste an die Not ihres Mannes denken und sah ihre Not. Beide waren ganz einsam, wie durch einen tiefen Strom voneinander getrennt, jeder die Hilfe des anderen brauchend, aber auch ohne die Brücke zu finden, auf der sie sich treffen könnten.

Träume öffnen ja oft die Türe zum Verständnis innerer Probleme. Die Seele vermag sich in ganz besonderer Weise über den Traum zu äußern und benutzt dazu die Verschlüsselung durch Symbole. Dadurch kann der Traum sein Geheimnis hüten und nur dem offenbaren, der diese Sprache versteht. Es dauerte auch einige Zeit, bis diese junge Frau es wagte, ihren Traum zu erzählen. Einerseits wollte sie ihn loswerden, andererseits aber hatte sie Angst, in Worte zu fassen, was sie als Bild so quälend beherrschte.

»Ich will es versuchen. Ich war wieder zu Hause, aber meine Mutter war nicht da, sie war einfach weg, ohne Nachricht, ich wusste nicht wohin, es war schrecklich, ich konnte es gar nicht fassen, dass sie mir keine Nachricht zurückgelassen hatte. Ich bin doch ihr einziges Kind. Aber noch viel schlimmer war, dass ich plötzlich nicht mehr wusste, wo ich selber wohne, dass ich wusste, dass meine Kinder verhungern müssten ohne mich, dass sie schreien und niemand sie hört, und ich verzweifelte und rannte und rannte und rannte und rief und rief, und niemand hörte mich. Dies Bild verfolgt mich: meine Mutter weg, meine Kinder tot, und ich renne ins Leere.«

In diesem Traum geht es um das große Mutterthema des Verlassens, der Trennung und des Zuhauseseins. Es geht um Ich und Du, das Finden der weiblichen Identität. Die tiefe Sehnsucht, Frau, Kind und Mutter zugleich sein zu dürfen, die unbewusste geheime Eifersucht auf die große Liebeszuwendung, die den Kindern so mühelos zufließt und um die man sich als Erwachsener so sehr bemühen muss, die Trauer, nicht mehr die Einzige zu sein und damit Zentrum aller Aufmerksamkeit – ein ganzes Panorama unbewusster Seelenblüten öffnete sich in diesem Traumgarten und forderte zum Dialog nach innen auf.

Der Tod ist eine Trennungsform von vielen, ebenso wie die Geburt. Das heißt: Ein Seinszustand verwandelt sich in einen anderen. Der Tod ist ebenso Anfang wie die Geburt Ende und umgekehrt. Der Traum signalisiert vieles, was beendet werden muss im Inneren dieser jungen Mutter. Vieles, was in ihr selber unfertig und ungereift darauf wartet, von ihr in einem neuen Erkenntnisansatz begonnen zu werden. Hierin lag alle Angst und Qual, aber auch viel Auftrag zum Neubeginn. Es ist gerade der leere Raum, der zur Neugestaltung auffordert, ohne die Hilfe der äußeren, persönlichen Mutter – sie ist im Traum unerreichbar –, aber mit allen schöpferischen Kräften der eigenen Mütterlichkeit, die zwar aus ihrem Schoß Kinder zur Welt kommen ließ, aber als geistig-seelische Eigenschaft noch verborgen und unentwickelt war. Im Zwang, die eigenen Kinder zu töten, lag eigentlich der unbewusste Wunsch, die eigene Infantilität zu wandeln in die wunderbare Kindlichkeit schöpferischen Tuns.

Wenn man es vergleichen will, dann musste auch diese junge Mutter innerlich einen sehr ähnlichen Weg gehen wie die kleine Gretel, die trotz ihrer Ängste und Verlassenheit den Kampf mit der Hexe wagen muss.

In diesem jungen Elternpaar begegnete mir eine erstaunliche Bereitschaft, den Weg innerer Wahrheit zu gehen. Das ist eine seltene Gabe, denn: »veritas fundamentum rerum« heißt ein altes lateinisches Sprichwort. Es bedeutet etwa, dass die Wahrheit der Urgrund aller schöpferischen Gestaltung ist. Sie wirkten beide bescheiden und ungeheuer erschrocken von diesem viel zu großen Schicksalszugriff. In der Traurigkeit und Schwermut des Mannes offenbarte sich ein tiefes Schuldgefühl, weil er seine Frau nicht verstand und geheim anklagte. In der Frau, die er liebte, war die Hexe sichtbar geworden, und die Last der patriarchal-christlichen Moral schrie nach Strafe – eigentlich nach dem Flammentod.

Die beiden jungen Menschen durchliefen einen echten Wachstumsprozess. Es war bei beiden ein sehr stilles und unauffälliges Reifen, mit schmerzlichen Erfahrungen, Einsamkeit und Verzweiflung. Aber es gab auch große Nähe und Durchblicke, die sie beide in der Beharrlichkeit ihrer

Wegsuche leiteten. Die psychotherapeutische Begleitung dieses Menschenpaares ist mir als besonderes Lebensgeschenk in Erinnerung geblieben, weil sich von Anfang an in all der Dunkelheit und Verwirrung das Licht ihrer liebenswerten Wesensseiten offenbarte.

Der Backofen

Frühmorgens musste Gretel heraus, den Kessel mit Wasser aufhängen und Feuer anzünden. »Erst wollen wir backen«, sagte die Alte, »ich habe den Backofen schon eingeheizt und den Teig geknetet.« Sie stieß die arme Gretel hinaus zu dem Backofen, aus dem die Feuerflammen schon herausschlugen. »Kriech hinein«, sagte die Hexe, »und sieh zu, ob recht eingeheizt ist, damit wir das Brot hineinschieben können.« Und wenn Gretel darin war, wollte sie den Ofen zumachen, und Gretel sollte darin braten, und dann wollte sie's auch aufessen. Aber Gretel merkte, was sie im Sinn hatte, und sprach: »Ich weiß nicht, wie ich's machen soll; wie komm ich da hinein?« – »Dumme Gans«, sagte die Alte, »die Öffnung ist groß genug, siehst du wohl, ich könnte selbst hinein«, krabbelte heran und steckte den Kopf in den Backofen. Da gab ihr Gretel einen Stoß, dass sie weit hineinfuhr, machte die eiserne Tür zu und schob den Riegel vor. Hu! da fing sie an zu heulen, ganz grauselig; aber Gretel lief fort, und die gottlose Hexe musste elendiglich verbrennen.

Gretel aber lief schnurstracks zum Hänsel, öffnete sein Ställchen und rief: »Hänsel, wir sind erlöst, die alte Hexe ist tot.« Da sprang Hänsel heraus wie ein Vogel aus dem Käfig, wenn ihm die Türe aufgemacht wird. Wie haben sie sich gefreut, sind sich um den Hals gefallen, sind herumgesprungen und haben sich geküsst! Und weil sie sich nicht mehr zu fürchten brauchten, so gingen sie in das Haus der Hexe hinein, da standen in allen Ecken Kasten mit Perlen und Edelsteinen. »Die sind noch besser als

Kieselsteine«, sagte Hänsel und steckte in seine Taschen, was hinein wollte, und Gretel sagte: »Ich will auch etwas mit nach Haus bringen«, und füllte sich sein Schürzchen voll. »Aber jetzt wollen wir fort«, sagte Hänsel, »damit wir aus dem Hexenwald herauskommen.«

Auch für Gretel beginnt dieser Tag mit der Drohung: Dein letzter Tag. Feuer und Wasser sind ihre ersten Arbeitsaufträge, und ohne dass sie es weiß, dient sie hierbei den Urmächten des großen Weiblichen. So wie in jedem Bauernhaus geht es im Haus der Hexe zu: Das Feuer muss entzündet werden, Wasser muss heiß gemacht werden für das Frühstück, und wie eine Bäuerin hat auch die Hexe den großen Backofen schon vorgeheizt für den Backtag. Es soll Brot gebacken werden, wie bei Frau Holle. Zum dritten und letzten Mal taucht nun – auch wie eine Hauptfigur – die Flamme, das Feuer auf und beherrscht die Szene.

Das Märchen greift hier ein uraltes Bild auf, denn seit etwa viertausend Jahren kennt der Mensch den Backofen, und seit dieser Zeit gibt es auch schon so etwas wie Brot. Gerade das Brot ist es, in dem sich ganz besonders deutlich der Wandlungsvorgang durch die im Ofen gebändigte Flamme symbolisiert. Das Samenkorn wird zu Mehl gemahlen, mit Wasser vermischt und verwandelt sich im Ofen in den Laib Brot. Es wird in der Flamme zur Frucht des Lebens. Dieser ganz besondere Vorgang war sehr bald für die damaligen Menschen vergleichbar mit dem, was im Schoß der Frau geschah: nämlich mit Schwangerschaft und Geburt. Von daher gibt es auch im Volksmund Ausdrücke wie: »Man hat das Baby gerade aus dem Backofen gezogen«, oder, wenn eine Schwangerschaft beendet ist: »Der Ofen ist eingestürzt.«

Geheimnis schöpferischen Tuns und Angst verbinden sich also mit dem Feuer, mit der Flamme, mit dem Ofen. Er wurde zum Sinnbild der Großen Mutter und Göttin, zum

Symbol des Bergenden und Wärmenden. Er wurde, ebenso wie das Feuer, die Flamme, zur heiligen Stätte, zum Ort der Riten, der Feste und des Ahnenkultes. Von daher ist es auch verstehbar, dass das Feuer, das früher noch aus zwei verschiedenen harten Hölzern, die aneinander gerieben wurden, entstand, als ein Leben zeugendes Urelement verstanden wurde. Bis zur heutigen Zeit spricht man vom Lebensfeuer. Licht, Wärme und Wandlung sind seine Eigenschaften. Seine dämonische Mächtigkeit zeigt sich bei Vulkanausbrüchen oder auch bei großen Waldbränden. Von jeher hat es Feuergötter gegeben, als Kulturbringer einerseits und als Zerstörer andererseits.

Ein indischer Mythos zum Beispiel erzählt, dass die obersten Götter, aus Zorn gegen ein dämonisches Ungeheuer, das sie immer wieder von neuem bedrohte, alle gemeinsam ihre Energien aus sich herausschleuderten zu einer riesigen Feuerflamme. Aus ihr entstand eine glühende Wolke, aus der die Große Göttin selbst hervortrat. Erst ihr, der Feuergeborenen, gelingt es, das mächtige Ungeheuer zu besiegen.

Die alte Hexe aus Hänsel und Gretel gleicht nun keinesfalls einer Großen Göttin, aber sie scheint in der Gier nach dem Leckerbissen Hänsel genügend Kraft und Dämonie zu haben, um der Gretel ganz gewaltig einzuheizen. Dieses letzte Gespräch zwischen Gretel und der Hexe liest sich grob, brutal und hart. In der Nacktheit ihres Verhaltens liegt bei der Hexe kein Täuschungsversuch mehr. Sie scheint wie besessen zu sein von ihrer Fressgier, als hätte sie einen Fressanfall und als würde ihr Ich so sehr davon überschwemmt, dass sie die kleine und so harmlos wirkende List von Gretel nicht mehr erkennt. Das Aufgehaltenwerden macht sie nur noch ärgerlicher.

Gretel aber ist jetzt mit ihrem Ich sehr viel stärker als ihre instinktive, aber unbewusste Angst. Man könnte hier an ein sehr schönes Wort von R. Tagore erinnern: »Frei lebt, wer sterben kann.« Gretel hatte sich nicht zur Faszination von der Kraft und Schönheit des Feuers verführen lassen, sondern mit niedergeschlagenen Augen die Flamme genährt, um Nahrung für den Bruder und die Hexe zu bereiten. Für sie selber war es dabei sehr karg zugegangen, denn sie hatte nur Krebsschalen von der Hexe als Nahrung erhalten. Dies ist eine bemerkenswerte und besonders eigentümliche Mitteilung des Märchenerzählers, denn Krebsschalen – noch dazu mitten im Walde – sind ganz sicher nicht dafür geeignet, jemanden fett zu machen. Aber auch Gretel sollte ja aufgegessen werden. Möglicherweise haben diese Krebsschalen, ähnlich wie das Knöchelchen von Hänsel, ihre besondere Bedeutung darin, dass sie als Körperteil eines Lebewesens auch ganz besondere Lebensstoffe enthalten oder ganz bestimmte Wesensträger darstellen. Besonders auffallend beim Krebs sind die mondförmigen Scheren, die den Menschen an den zunehmenden oder abnehmenden Mond erinnern konnten. Sie galten auch als Fruchtbarkeitssymbole und gehörten damit in den Symbolkreis der Großen Mutter.

Es ist immer wieder überraschend, zu beobachten, wie ähnlich bestimmte und bedeutungsvolle Symbole sowohl in den Märchenbildern wie auch in den Träumen auftauchen können. So zeigte der Traum einer jungen Künstlerin in einem Bild von Tod und Auferstehung entsprechend dem antiken Wiedergeburtsmysterium den Ausgangspunkt einer neuen Selbständigkeit. Sie war die letztgeborene Tochter eines Juristen und hatte sehr früh eine starke musikalische Begabung gezeigt. Aber der Vater hielt nichts von »so brotloser Kunst«. Er wünschte, dass sie Philologie studiere und Lehrerin würde. Sie wehrte sich verzweifelt. Immer wieder beklagte sie sich über die Vorstellungen des Vaters, der ihr wie aus »staubigen Akten« entsprungen schien. Nach langem Kampf setzte sie sich schließlich durch. Viele Gespräche haben darüber stattgefunden, und eines Tages brachte sie folgenden Traum mit:

»Zu Anfang ist alles ganz dunkel, nur in der Mitte treffen sich alle Scheinwerfer. Es ist eine riesige Zirkusarena, und ich muss hinabsteigen. Plötzlich versuchen vom äußeren Kreis her Männer, die mir feindlich gesinnt sind, zu mir vorzudringen. Ich habe große Angst, denn es sind auch wilde Tiere dabei, die mich zerreißen wollen.

Nachdem ich in der Mitte angekommen bin, beginne ich zu tanzen und fühle allmählich, wie mein Tanz sie alle bezwingt. Der Tanz steigert sich mehr und mehr. Ich sehe, wie im Licht der Staub dicht aufsteigt, der Staub verwandelt sich in Rauch und schließlich in Flammen, in die ich mich dann auch verwandle. Dann versinke ich in die Erde. Ich denke , dass nun alles zu Ende ist und ich gestorben bin. Unter der Erde aber finde ich zu meinem Erstaunen einen Weg. Ich muss lange gehen. Erst ist es ganz dunkel, und ich fühle mich schrecklich einsam, dann aber bricht von oben her ein Licht ein, und allmählich weitet sich der Weg in eine weite Landschaft.«

Wie Hänsel und Gretel in die Mitte des Waldes geführt werden, wo sie von Unheil und Not bedrängt sind und schließlich bei der Hexe landen, so muss auch diese junge Künstlerin in ihrem Inneren von der äußeren Peripherie her bis in das Zentrum vordringen und aus der Dunkelheit des Abstieges in das Lichtzentrum hinfinden. Und wie bei Gretel und der jungen Ärztin und immer, wenn Wandlungen geschehen sollen, geht es zunächst um das Tun. Wer etwas von der Kraft der Gebärde und von dem Geheimnis des Tanzes und seiner magischen Wirkung weiß, der wird ohne sonderliche Mühe verstehen, dass die archetypische Kraft dieses Traumes für die junge Künstlerin ein Sinnfälligkeitserlebnis größten Ausmaßes darstellte. Der Tanz hat eine solche Kraft, dass der Lebensfunke zur Flamme wird und sie selber tanzend in diese Flamme aufgenommen wird.

Das Feuer wurde schon immer im Feuertanz verehrt. Dieser Tanz wurde auch schon immer von Frauen ausgeübt und galt als Fürbitte für die Erhaltung der Fruchtbarkeit und Gesundheit von Mensch und Tier. Aber ein solcher Tanz sollte auch übersinnlich geistige Kräfte herbeiführen.

Im Traum der Künstlerin bewirkt das Feuer den Sturz in die Tiefe, in den Heilbereich des vegetativen Schoßes. Wie die Goldmarie im Märchen »Frau Holle« steigt sie mit allen Untergangserlebnissen in die Erde hinein, in Dunkelheit und Einsamkeit, kommt aber auch wieder daraus hervor, nachdem Licht eingebrochen ist, also neues Bewusstsein erworben wurde. Dadurch steht der Weg in die Welt offen. Eine Künstlerin, die in dieser Weise aus sich heraus die Kraft findet für Formung und Gestaltung, wird sowohl ihre Lehrmeister als auch die zu gestaltende Materie anders und neu verstehen, ohne dass sich niedrige oder zu fürchtende Impulse dazwischenschieben.

Und Gretel? Sie tut überraschenderweise genau das, was die Hexe ihr zugedacht hat! Wie du mir, so ich dir. Gretel lässt die Hexe im Ofen verbrennen. Wenn man hier den christlichen Standpunkt von gut und böse einnehmen will, könnte man meinen: Das Böse muss vernichtet werden, und Gretel hat recht getan. Ist es damit kein Mord? Und was bedeutet die Mordtendenz in Gretel? Tötungstendenz in allem, was lebt – um zu überleben? Dann würde in jedem Lebenstrieb auch der Tötungstrieb enthalten sein, und wo liegt dann die Grenze, wo der Mord beginnt? Zum Beispiel bei der Stiefmutter und bei dem Vater?

Der große Flammentod der kleinen, alten Hexe erscheint auf einmal wie der Teil eines kosmischen Traumes, in dem ein kleines Mädchen eine an Raum und Zeit gebundene Tat vollbringt und dabei unbewusst einen wichtigen Schritt in ihren eigenen weiblichen Ganzheitsraum vollzieht. Denn die Überwindung der Todesgefahr stärkt das Ich-Bewusstsein im Sinne eines deutlichen Entwicklungsschrittes mit der Erfahrung: Die Ausweglosigkeit verwandelt sich in einen Weg, den entweder ein Bote – wie zum Beispiel der weiße Vogel oder später die Ente – oder eben der eigene schöpferische Einfall sichtbar werden lässt. Passivität wird durch Aktivität abgelöst oder durch den Gegensatz ergänzt. Jeder Reifungsschritt enthält den Sterbevorgang eines Vorherigen und das Geborenwerden in eine neue Lebens- und Seinssituation. Jeder Reifungsschritt bedeutet aber auch Zunahme an Individualität. Wie man in diesem Beispiel ganz besonders deutlich erkennen kann, bedeutet der Reifungsschritt auch das Schuldigwerden, wenn man erkennt, was gut und böse ist.

Gretel hat sich nicht nur selber aus den Krallen der Hexe befreit, sondern sie hat auch den Bruder aus dem Rachen der Hexe herausgeholt und vermittelt ihm damit eine Neugeburt. Der wenig kindhaft anmutende Ausdruck »wir sind erlöst« deutet eigentlich auf eine vorherige Verzauberung hin, die zumindest äußerlich ja gar nicht stattgefunden hat. Die außerordentlich herzliche, fast leidenschaftliche Begrüßung nach der Befreiung des Hänsel aus seinem Ställchen erinnert an das Wiederfinden eines Liebespaares.

Die Überquerung des großen Wassers

Als sie aber ein paar Stunden gegangen waren, gelangten sie an ein großes Wasser. »Wir können nicht hinüber«, sprach Hänsel, »ich seh keinen Steg und keine Brücke.« – »Hier fährt auch kein Schiffchen«, antwortete Gretel, »aber da schwimmt eine weiße Ente; wenn ich die bitte, so hilft sie uns hinüber.« Da rief sie:

»Entchen, Entchen,
Da steht Gretel und Hänsel.
Kein Steg und keine Brücke,
Nimm uns auf deinen weißen Rücken.«

Das Entchen kam auch heran, und Hänsel setzte sich auf und bat sein Schwesterchen, sich zu ihm zu setzen. »Nein«, antwortete Gretel, »es wird dem Entchen zu schwer, es soll uns nacheinander hinüberbringen.« Das tat das gute Tierchen, und als sie glücklich drüben waren und ein Weilchen fortgingen, da kam ihnen der Wald immer bekannter und immer bekannter vor, und endlich erblickten sie von weitem ihres Vaters Haus.

Die Bedeutung des Hauses scheint für dieses Märchen wichtig zu sein. Dreimal wird es deutlich ins Bewusstsein gehoben. Gleich zu Anfang steht das Haus, sowohl als bergender Ort der Familie als auch als Ausgangspunkt für den Weg. Es geht um das Weggeschickt-Werden aus dem Hause, den Abschied vom Hause; das Finden des Hauses als Rettung in großer Not – und am Ende um die Heimkehr in das Haus des Vaters.

Das Haus ist wie die Stadt oder der Tempel, aber auch das Zelt oder die Höhle ein umfriedeter und schützend umschließender Bezirk, der letztlich aus der umgebenden Hülle des Mutterleibes als archetypische Chiffre der Geborgenheit und des Lebensschutzes entstanden ist. Der Raum steht am Anfang, genauso wie das Grab als bergender Schoß oder letzte Wohnstätte am Ende steht. Psychologisch könnte man das Haus auch als symbolische Darstellung des ganzen Menschen ansehen mit der Fassade als Persona, dem Dachstock als oberem Bewusstsein oder als Möglichkeit eines geistigen Bezuges, den Fenstern und Türen als Extraversion im Weltbezug, dem Keller als Instinkt- und Triebbereich, aber auch als Tiefe des Unbewussten. Bei den Innenräumen lässt sich eine solche Betrachtung sehr differenzieren, wobei vielleicht, im Zusammenhang mit diesem Märchen, die Küche als Ort der Nahrungsbereitung, als weiblich-mütterlicher Gestaltungs- und Wandlungsraum, besonders wichtig ist. Ein Haus konnte gesegnet werden und wurde dadurch auch bereitet und offen für ein Gastmahl mit dem Gott.

Die Haus- und Wohnkultur aber entwickelte sich wohl aus einem heute mehr unbewusst gewordenen Bedürfnis, sich gegen die harten Zugriffe der Natur zu schützen und der schnellen Vergänglichkeit des menschlichen Lebens etwas Dauerndes gegenüberzustellen.

Eigentlich ist das Märchen nun an seinem Ende angelangt. Alle Konflikte sind gelöst, die Kinder, die wie unter einem Fluch standen – ähnlich wie auch Dornröschen –, sind nun erlöst, wie Gretel sagte. Sie haben ihren Prüfungsweg bestanden. Man könnte also beruhigt schlafen gehen. Aber der Märchenerzähler hat noch ein Bild bereit. Etwas Neues und zugleich ganz Altes taucht noch einmal auf.

Da ist zunächst der Weg: Stundenlang wandern die Kinder wieder durch den Hexenwald. Das Neue wandelt nicht auf einmal alles, sondern es muss auch wieder etwas erworben werden. Es ist eine Verlängerung zu einem ganz neuen

Bild, so als könnten die Kinder nur allmählich Abschied nehmen von dem geheimnisvollen Reich einer »Jenseitswelt«, um wieder zurückzukehren in ihr diesseitiges Sein. Sie kommen an eine Grenze, an den Teich, an das große Wasser. Gretel hatte das Element kennengelernt bei ihrer Arbeit in der Küche. Es gehörte zu ihrem Dienst und bedeutete nicht nur das Kennenlernen des Brunnens, symbolisch damit auch der Tiefe, der Lebensquelle, sondern auch das Lasten-tragen-Können, das der Frau zwar angeboren ist mit ihrer Fähigkeit zur Schwangerschaft, aber immer neu entdeckt und meist durch Leiden erfahren werden muss. So ist es auch Gretel, die aus neuem Wissen heraus erkennt, wie man »das große Wasser« überschreiten kann.

Dieses Wort spielt im Wandlungsbuch der Chinesen, dem I Ging, eine große Rolle und bedeutet immer die Zusicherung, dass man die Tat tun kann, die gerade gefordert wird und die Mut verlangt und Wagnis ist. Das Verbot dieses Schrittes aber bedeutet auch immer Stillehalten oder Innehalten und Warten.

Hänsel sieht keinen Ausweg diesmal und wirkt verzagt wie ehemals immer Gretel. Sie aber erkennt die weiße Ente und zweifelt keinen Augenblick, dass sie helfen kann. Woher nimmt sie dieses Wissen? Ist dies nur eine von den vielen liebenswürdigen Märchenphantasien?

Es ist ja noch einmal der weiße Vogel und damit wohl auch ein Bote der Hexe. Der Hin- und Rückweg steht also doch ganz erkennbar unter ihrem Schutz und ihrer Führung. Wieder kann man hier an Dornröschen denken und den Schutz der zwölften Fee, die den Fluch der dreizehnten Fee verwandelt. Oder an Schneewittchen, deren Schicksal ja auch von der bösen Stiefmutter weg zum Prinzen und in sein Königsschloss führt. Gerade die geheimnisvollen Umwege, die der Lebensweg manchmal macht, haben oft solche Dunkelstrecken, in denen man verzweifelt und hoffnungslos werden könnte. Aber oft sind es eben auch gerade diese, die zu einem Licht führen, für das man sonst vielleicht nicht reif geworden wäre. Es sind Innenwege, auf denen man sich selber erkennt, eigene Möglichkeiten entdeckt und mit ihrer Hilfe die Welt mit »anderen Augen« betrachten kann. In der Hexe ist auch etwas Altes gestorben, was nicht mehr richtig sehen konnte und damit den realen Bezug zu den äußeren Objekten verloren hatte. Eine einseitige Verhaltensweise, ein Festgehalten-Werden von einer veralteten Meinung oder Einstellung, einer »Lieblingsspeise«. Alles dieses musste zugunsten neuen Wachstums in der lebendigen Lebensflamme verbrannt werden, damit – wie der Phönix aus der Asche – Neues und Junges hervorbrechen kann.

Das Entlein im Märchen jedenfalls folgt Gretels Ruf bereitwillig, und noch einmal zeigt Gretel, wie weit offen ihre Seele geworden ist: Wie ein kleiner Junge setzt sich Hänsel auf den Entenrücken und möchte Gretel wie ein Mütterchen mit drauf haben. Aber Gretels Ich ahnt, als wäre es selber gerade wie die kleine Ente aufgetaucht über dem Spiegel des Bewusstseins, dass eine zu große Belastung das Abtauchen in die Tiefe zur Folge haben könnte. Sie reagiert fürsorglich, weitsichtig und behutsam. Sie wartet geduldig am Ufer, sie hat keine Angst mehr, sie hat Vertrauen zu sich selbst gefunden und kann ein »Nacheinander«, also ein Warten, gut ertragen. Was aber ist die geheime Hintergrundkraft, die in dem Mädchen Gretel eine solche Aktivität entfaltet? Sie ist unsichtbar, energiegeladen, schöpferisch, scheint also dem geistigen Bereich zuzugehören. Die lebendige »Brücke über das Wasser« ist wie eine Ahnung geistigen Geschehens: unwirklich und fantastisch für ein materielles oder rationales Denken, und dennoch heißt es am Anfang der Bibel: »Die Erde war wüst und leer, und es war finster auf der Tiefe; und der Geist Gottes schwebte *auf* dem Wasser.«

Ist es zu gewagt, zu befrachtend für die leichte Märchenkost, das spirituelle und symbolische Bild vom auf dem Wasser schwebenden Geist heranzuziehen und den Initiationsweg der Kinder als geistigen Reifungsvollzug zu kennzeichnen? Die Frage erscheint um so mehr berechtigt, als man aus dem indischen Kultur- und Symbolraum weiß, dass der Schöpfer-Gott und auch seine Gattin auf einem Wasservogel ritten.

Und noch eine interessante Überlegung steht hier vielleicht Pate. Entenpaare verbringen die Nacht getrennt und den Tag gemeinsam. Auch hier taucht also das Thema von Nähe und Ferne, von Vereinigung und Trennung, von Gegensatz und Ergänzung wieder auf und lässt die Zukunft der Kinder ahnen, in der jeder in die eigene Identität finden muss. Sie haben die letzte Stufe dieses Weges erreicht. Kaum je wurde es schöner gesagt als im »Glasperlenspiel« von Hermann Hesse, was diesen Kindern zugemutet wurde und was sie gewonnen haben:

»Wie jede Blüte welkt und jede Jugend
Dem Alter weicht, blüht jede Lebensstufe,
Blüht jede Weisheit auch und jede Tugend
zu ihrer Zeit und darf nicht ewig dauern.
Es muss das Herz bei jedem Lebensrufe
Bereit zum Abschied sein und Neubeginne,
Um sich in Tapferkeit und ohne Trauern
In neue, andre Bindungen zu geben.
Und jedem Anfang wohnt ein Zauber inne,
Der uns beschützt und der uns hilft zu leben.

Wir sollen heiter Raum um Raum durchschreiten,
An keinem wie an einer Heimat hängen,
Der Weltgeist will nicht fesseln uns und engen,
Er will uns Stuf' um Stufe heben, weiten.
Kaum sind wir heimisch einem Lebenskreise
Und traulich eingewohnt, so droht Erschlaffen,
Nur wer bereit zu Aufbruch ist und Reise,
Mag lähmender Gewöhnung sich entraffen.

Es wird vielleicht auch noch die Todesstunde
Uns neuen Räumen jung entgegensenden,
Des Lebens Ruf an uns wird niemals enden …
Wohlan denn, Herz, nimm Abschied
und gesunde!«

Der Schatz

Da fingen sie an zu laufen, stürzten in die Stube hinein und fielen ihrem Vater um den Hals. Der Mann hatte keine frohe Stunde gehabt, seitdem er die Kinder im Walde gelassen hatte, die Frau aber war gestorben. Gretel schüttelte sein Schürzchen aus, dass die Perlen und Edelsteine in der Stube herumsprangen, und Hänsel warf eine Handvoll nach der anderen aus seiner Tasche dazu. Da hatten alle Sorgen ein Ende, und sie lebten in lauter Freude zusammen. Mein Märchen ist aus, dort lauft eine Maus, wer sie fängt, darf sich eine große große Pelzkappe daraus machen.

Das Märchen schließt hier und lässt lediglich die Beziehung zum Vater noch einmal aufleuchten, die aber eigentlich einen etwas billigen Trosteffekt zu enthalten scheint für den »armen schuldbeladenen Alleingelassenen«.

Oder kann man lachen über die Pelzmütze aus dem Fell einer Maus? Kinder lachen so gern, und Lachen versöhnt.

Vielleicht ist es auch so wie in manchen Träumen, in denen sehr ernst zu nehmende Inhalte in banale Bilder verpackt werden, um das Ich ein wenig zu schonen vor zu harten inneren Wahrheiten. Wie man aber in diesem und in vielen anderen Märchen sehen kann, sind es gerade die harten Anforderungen an das Bewusstsein, die Wachstum, Entwicklung und Reifungsschritte ermöglichen. Dies hat wohl auch zu dem aus früheren Generationen stammenden Wort geführt: »Gelobt sei was hart macht.« Jedenfalls bleibt dem

Helden im Märchen ja keine Not erspart. Aber – und hier liegt die Weite und Weisheit der Märchenentwürfe – für jeden ist immer die Freiheit der Wahl und der Entscheidung gegeben.

Man könnte sich auch Gedanken machen, warum in diesem Märchen kein König, kein Prinz auftaucht, keine Prinzessin erlöst werden muss und keine Hochzeit am Ende die Verbindung von zwei Gegensätzen zu einer neuen Ganzheit im Bild erscheinen lässt. Das Ende ist der gefundene und nach Hause gebrachte Schatz. Hänsel trug ihn in seinen Hosentaschen und Gretel in ihrem Schürzchen – den Schatz der Hexe!

Es war Ingeborg, die bei unserem nächsten gemeinsamen Gespräch diesen Gedanken aufgriff und sagte: »Ich finde es sonderbar, dass die Kinder bei der Hexe diese Schätze finden. Eine Hexe braucht so etwas doch gar nicht, die kann sich doch alles zaubern. Eigentlich sehr beneidenswert, immer gleich das zu haben, was man gerade braucht. Die Hexe mit Knopfdruck. Aber im Märchen ist es doch beinahe so, als hätte die Hexe diesen Schatz für die Kinder gezaubert. Und das muss doch etwas bedeuten.«

Sophia und Johannes Nikolaus wollten es genau wissen, was Perlen und Diamanten sind. Ingeborg holte ihre Schmuckkassette und zeigte den Kindern ihre Schätze. Am liebsten hätte Jasmine wohl auch gern eine Handvoll Perlen in das Zimmer springen lassen. Sie zog heftig an der Kette, so dass Ingeborg eingreifen musste. Sie zeigte den Kindern die feinen Knoten, die zwischen den einzelnen Perlen sitzen und sie schützen sollen, damit keine verlorengeht, wenn die Kette einmal reißen würde. Die Lebensknoten für die kostbaren Lebenstage, die sich immer wieder aneinanderreihen, ein ganzes Leben lang! Auch kleine Diamanten gab es zu bewundern. Und die Frage blieb nicht aus, die man als Erwachsener vielleicht denkt, aber taktvoll verschweigt. »Mami, bist du reich?« fragte Jasmine. Christian lächelte, und Mutter Ingeborg schnappte etwas nach Luft. Sie sagte diplomatisch: »Weißt du, wir sind nicht arm, so wie Hänsel und Gretel es waren. Aber so einen großen Schatz, wie sie nach Hause bringen, haben wir nicht.«

Johannes Nikolaus fand, dass Hänsel doch wenigstens mit dem Vater hätte sprechen müssen, statt einfach so seine Edelsteine ins Zimmer zu werfen. Er war wohl auch enttäuscht, ohne dass er es aussprach, dass Hänsel ein wenig hinter Gretel verschwunden war. Robert griff das auf und stellte sich wie ein Bruder neben ihn. Er umklammerte den Jungen und hielt ihn fest. Johannes Nikolaus lachte zuerst und versuchte, sich zu befreien, aber Robert presste ihn immer fester an sich – und schwieg. Es dauerte nicht allzu lange, bis der Junge anfing zu jammern und schließlich laut zu schreien. Mutter Ingeborg wollte schon eingreifen, wurde aber durch einen Wink von Vater Christian gehindert. Robert lockerte endlich seinen festen Griff etwas und sagte sehr freundlich: »Siehst du, das hat der Hänsel ausgehalten ohne Geschrei und Gejammer. Er hat einfach still abgewartet, bis der richtige Augenblick kam. Und dazu gehört doch sehr viel Mut. Vier Wochen war er im Ställchen gefangen. Die Gretel war in der Zeit doch wenigstens frei.« Johannes Nikolaus war bei Robert stehen geblieben, auch nachdem er sich wieder frei bewegen konnte. Er war sichtlich beeindruckt. Wir schwiegen alle.

Dann sagte Johannes Nikolaus plötzlich: »Ja, das stimmt eigentlich. Ich bin ungeduldig. Und *ich* habe auch manchmal Angst, nicht nur die Gretel – ich meine natürlich die Sophia. Aber ich finde, dass die Gretel das doch prima gemacht hat. Und das mit der Ente hat sie doch allein gewusst.«

Diese Anerkennung vom Bruder bedeutete für Sophia sehr viel. Sie fühlte sich oft in seinem Schatten und rivalisierte mit ihm um die Gunst der Mutter. Jetzt aber hatte sie ein besonderes Geschenk für uns mitgebracht. Sie hatte eine Serie von Bildern zu dem Märchen gemalt, die etwas über ihre eigene innere Entwicklung, aber auch von ihrem Erleben des Märchens vermittelten. Sie waren gleichsam ihr Schatz, den sie gefunden hatte und jetzt in unser Seelenzimmer bringen konnte.

Jasmine aber hatte sich vom Vater einen Ofen aus Holz machen lassen und von der Mami eine Hexe und hatte mit einem »richtigen Feuer« beides verbrennen dürfen. Sie vollzog einfach das Ritual – heiter, naiv – und nachdenklich. Als der Vater sie fragte, ob sie nun zufrieden sei, sagte sie: »Der Vati ist ja nun allein, und wenn die Gretel und der Hänsel wiederkommen, braucht er doch eine neue Mami. Wie findet er die denn im Wald?« Vater Christian hatte zu Jasmine gesagt, dass dies ein neues Märchen sei, und dass er es ihr erzählen würde – später. Und Sophia hatte er versprochen, dass sie ihre schönen Bilder zusammen in eine Buchhülle einbinden wollten.

Als die Kinder sich in ihre Spielzimmer verzogen hatten, sagte Ingeborg zu ihrem Mann: »Das finde ich aber mutig, dass du Jasmine ein neues Märchen versprochen hast. Was willst du ihr denn dazu erzählen? Du weißt doch hoffentlich, dass du dich darum nicht drücken kannst. Nicht bei Jasmine!« Christian nickte und meinte: »Ja, das wird schon nicht so ganz leicht sein. Ich werde mit Jasmine in den Wald gehen und wir werden sie gemeinsam suchen, die neue Frau.« Ingeborg war sehr neugierig. »Da möchte ich gern dabei sein. Da will ich mitgehen.« Aber Christian war ganz anderer Meinung. Energisch wehrte er ab. »Nein, das kommt gar nicht in Frage. Das geht nicht. Wenn du dabei bist, finden wir mit Sicherheit keine ›neue Frau‹. Dazu bist du viel zu eifersüchtig. Und ich hätte auch immer nur dich im Auge. Da muss ich mit Jasmine allein sein. Dann kann ich auch besser hören, was sie sagt. So innen, weißt du …?«

Robert war sichtlich amüsiert. »So entstehen also neue Märchen. Wenn der Vater mit der Tochter in den Wald geht …«

Ingeborg spielte mit den Perlen, die schimmernd auf dem Tisch liegengeblieben waren. Sie ließ sie, ohne dass es ihr wohl bewusst war, wie eine Gebetsschnur durch ihre Finger laufen. An dem wunderhübschen Perlenschloss, das wie ein kleines Mandala gearbeitet war, blieb sie hängen. »Was für ein Schatz müsste es denn sein, den ich – als Hexe natürlich – für die Kinder zaubern müsste oder eben abgeben müsste an sie – damit sie reich sind für ihr ganzes Leben? Und warum sagt man eigentlich, dass Perlen Tränen bedeuten? Sie sind doch wunderschön. Und man freut sich, wenn man sie geschenkt bekommt.«

»Sie sind eben sehr schwer zu finden. Hänsel und Gretel müssen ja auch erst viel Not leiden, und besonders Gretel vergießt doch viele Tränen«, bot Robert als Antwort an.

»Und mir fallen die silbernen Mondsteine ein, die der Hänsel aufgelesen hatte und die sich am Schluss dann wohl in die Diamanten verwandelt haben, vielleicht als Zeichen seiner inneren Kräfte, die sich zu einem neuen Besitz transformiert haben«, ergänzte Christian.

»Das ist allerdings sehr viel ›Schatz‹.« Ingeborg schien richtig überrascht.

Es war Robert, der die nachdenkliche Stille, in der wir den »Perlengedanken« etwas nachhingen, unterbrach: »Perlen haben eigentlich eine wunderschöne Geschichte. Sie wachsen im Dunkel der Muschel wie ein Embryo im Mutterleib. Verborgen und kostbar. Und als kostbaren Schatz holt sie der Perlentaucher aus der Tiefe des Meeres. Sie schimmern in allen Farben und behalten diesen Lebensschimmer auch nach ihrer ›Entbindung‹ aus dem Muschelschoß. Im übertragenen Sinne bedeutet ›Perle‹ etwas sehr Geliebtes und Kostbares, etwas, wonach jeder sich sehnt.

Sie waren der Schatz der Könige und wurden in Tempeln den Göttern geweiht. Und Tränen … wenn man ›Die kleine Meerjungfrau‹ von Hans Christian Andersen dazuphantasieren will – und ich tue das gern –, dann sind es doch gerade die schönen, warmen, glänzenden Menschentränen, die sie nicht weinen kann, die kleine wunderschöne Nixe, die im kalten Meer lebt. Sie muss erst unter großem Leiden Verzicht leisten auf alles, was zum Paradies ihrer Kindheit gehört hatte, um ein liebesfähiger Mensch werden zu können und damit sterblich. Mit zwei Füßen, die weh tun bei jedem einzelnen Wachstumsschritt, auf einem harten Erdboden. Der Zauber geht verloren als Macht über die Außenobjekte, aber er wird gewonnen als innere Kraft und Wahrheit.«

»Wenn man es so sieht, wird es eigentlich besser verstehbar, dass die beiden Kinder ihre Schätze einfach so ins Zimmer haben springen lassen. Sie haben ganz leichte Hände. Sie halten nicht fest. Sie wollen nichts für sich haben. Freude ist bei ihnen.« Ingeborg war ganz warm geworden bei ihren Worten. »Das ist so wie bei Jasmine. Sie wollte auch die Perlen ins Zimmer springen lassen. Sie wollte sie tanzen sehen.« Und Christian fügte noch hinzu: »Ja, sie ist schon ein Schatz.«

Mir war, als Robert von den Perlen sprach, ein Traum eingefallen, den ich einmal von einem sehr jungen Mädchen gehört hatte, in dem es auch um kostbaren Schmuck ging. Sie war – zumindest von außen her gesehen, also sozial – ein reiches Mädchen. Ihre Eltern hatten jedenfalls ziemlich viel Geld. Sie liebten diese Tochter. Sie sagten und glaubten dies auch. Sie durfte alles tun, was sie sich wünschte. Und sie tat dies auch, denn sie kannte keine äußere Not: leichten Sinnes, an der Oberfläche schwimmend, gutherzig, gleichgültig an jedem Verlust vorbeigehend und – angstvoll alle Konflikte vermeidend, ohne dass sie es wusste.

Eines aber war nicht eingeplant: die Sucht. Verhängnisvoll war sie in ihr Seelenzimmer eingedrungen und hatte sich in der Leere, Einsamkeit und Hohlheit ihres Ich breit gemacht. Sie war im Turm ihrer Angst eingesperrt, wie Rapunzel im Turm der Hexe. Und sie war nun an einer

Schwelle angekommen, wo »alles sinnlos geworden ist, sich nichts mehr lohnt, man doch nur noch alles falsch macht und nur noch das Gefühl da ist: nun ist's um mich geschehen ...«, wie bei Gretel, als sie verstoßen werden soll.

Dieses Mädchen erzählte mir folgenden erstaunlichen Traum: »Wieder einmal hatte ich mich im Wald verirrt. Ich hatte Angst vor wilden Tieren, die mich zerreißen würden. Plötzlich stand ein alter Mann vor mir. Er war mir unbekannt, aber von irgendwoher kannte ich ihn doch. Er gab mir drei Schmuckstücke: eine Sonne, einen Mond und ein sternenartiges Gebilde. Er sagte mir, dass sie sehr kostbar seien und dass ich sie nicht verlieren dürfe. Dann verwirrte sich alles, aber zum Schluss merkte ich zu meinem großen Schrecken, dass ich die Schmuckstücke verloren hatte.«

»Toller Traum«, meinte Ingeborg beeindruckt. »Die wilden Tiere, der Wald, der alte Mann, die Schmuckstücke ... Das ist ja ein halbes Märchen. Aber wenn ich es träumen würde, wüsste ich nicht, was es heißt.«

»Auf jeden Fall doch wohl eine sehr deutliche Provokation, sich mit sich selbst auseinanderzusetzen, oder?« Es war eine halbe Frage von Christian.

Im Traum geht es so, wie oft auch in den Märchen – und im täglichen Leben: Gerade das Verbot wird vergessen oder überschritten, mehr oder weniger unbewusst. Und erst die Strafe ruft das Bewusstsein auf, nachzudenken. Der alte Mann im Traum, der dem Mädchen zwar »unbekannt«, aber doch auch bekannt zu sein schien, habe, sagte das Mädchen, etwas von ihrem »Big Boss, naja von meinem komischen Patriarchen (dem Vater) gehabt. Es würde zu ihm passen. Erst etwas schenken und es dann mies machen mit ›wenn‹ und ›aber‹.«

Jedenfalls wurde ihr Ich im Traum in den Wald geholt, man könnte auch sagen in das Nicht-Ich oder das Unbewusste. Und hier droht ihr die gleiche Gefahr wie Hänsel und Gretel im Hexenwald: von wilden Tieren zerrissen zu werden. Beim Dialog über das Traumbild musste Brigitte, so hieß sie, allerdings zugeben, dass sie davor nur Angst hatte. Denn gesehen hatte sie keine wilden Tiere, und sie hatte auch nichts gehört. »Es waren Phantasietiere, die in mir rumspukten. Aber ich habe ja auch immerzu Angst.« Und es waren auch ihre ständigen Ängste, die sie zu mir geführt hatten. Sie wusste nicht, wovor, war voller Unruhe und wie gejagt.

Sie war recht überrascht, als wir uns die Summe des Traumes betrachteten: den – ihr fremden – Naturbereich, den Weg, den Weissagenden, den Schatz und den Verlust.

Brigitte war sehr begabt und, wie das öfter bei denen eintritt, die in Not geraten sind, sehr einsichtsfähig, wenn man zu ihrer eigentlichen Substanz vorstoßen kann. Aber sie hatte eben große Angst vor dem Leiden und dem Verzicht. Denn das lag ja als Aufforderung in ihrem Traumbild: sich auf den Weg zu machen, den Schatz zu suchen, der in ihrem Inneren bereitliegt. Mit der drängenden Deutlichkeit des Traumes, halb spielerisch und märchenhaft, aber unentrinnbar und klar, hebt sich auch für sie aus der Tiefe des eigenen Lebensbrunnens das Werdebild ihrer Wahrheit.

»Was für wunderschöne Schmuckstücke … Aber warum der alte Mann?« Ingeborgs Wissensdurst ließ nichts aus. Sie hatte Christian angesehen. »Ich finde das auch eindrucksvoll. Es sind die gleichen Bilder wie bei Hänsel und Gretel in diesem Traum, nur verwandelt in kostbare Schätze, die man besitzen kann. Sonne, Mond und Sterne.« Und Robert übersetzte: »Tagesbewusstsein, Nachtbewusstsein und das vieläugige Wissen um beides.«

»Aber warum nicht die Hexe, sondern der alte Mann?« Ingeborg war es nicht entgangen, wie intensiv ihre drei Kinder im Zusammenhang mit dem Märchen Fragen an den Vater gestellt hatten.

Christian war das auch aufgefallen, und es hatte ihn beunruhigt und betroffen gemacht. »Wieviel man versäumen kann, wie wenig aufmerksam man ist, so im Alltag – den Kindern gegenüber«, meinte er sehr nachdenklich.

Robert meinte: »Ich könnte mir schon vorstellen, dass die Brigitte, die ja älter ist als die Gretel, einen neuen Weg gehen muss, quasi in einer höheren Spiralebene ihres inneren Wachstumsprozesses, dass sie die Hexenebene verlassen muss. Und dann beginnt doch vielleicht die Begegnung mit dem Mann oder den männlich-geistigen Elementen, sowohl innen wie aber auch außen.«

»Du meinst, das könnte das neue Zentrum sein, um das sich dann alles dreht?« fragte Ingeborg.

»Ich meine eigentlich eher, dass der Vater oder eben ein alter Mann ein Gegenzentrum zur Waldmitte, zur natürlichen Dunkelheit und auch zur Hexe darstellen könnte. Johannes Nikolaus hat doch gesagt, dass er es komisch finden würde, dass die Kinder dem Vater gar keine Vorwürfe machen. Er hätte das bestimmt getan. Im Märchen wird der Vater ja tatsächlich zum neuen Lebens- und Wachstumszentrum.«

Vater Christian hatte Robert sehr aufmerksam zugehört. Für ihn hatten bisher die Märchenkinder ganz im Vordergrund gestanden. Er hatte aus den Bildern des Märchens vieles in sein Bewusstsein dringen lassen, was fest verschlossene Türen aufgestoßen hatte. Innerlich fand er vieles aus seiner Knabenzeit gespiegelt, auch aus der Zeit seines Studiums und seiner Wanderzeit per Anhalter. Aber von dem wirklichen Leben als Vater? Christian sah Robert an und fragte ihn plötzlich: »Wie ist das denn bei dir? Du stehst ja noch quasi vor dem Tor. Denkst du an Vater-Sein oder an Kinder, an eigene Kinder oder« – mit einem kurzen Seitenblick auf seine Frau – »denkst du an Kinder, wenn du mit deiner Freundin schläfst?«

Robert antwortete nicht sofort. Er wirkte weniger überrascht als nachdenklich. »Manchmal wünsche ich mir sehr, dass mein Same fruchtbar wäre. Das könnte aber auch nur eine Selbstbestätigung sein. Und das will ich unter keinen Umständen. Man weiß heute so viel mehr über das Wachstum eines Kindes im Schoß der Frau. Und es muss schön sein zu erleben, wie der Schoß den Samen zu einem Kind formt – zu einer Perle, einem Schatz. Aber ich habe auch schon manchmal die Phantasie gehabt, dass da nur etwas verschluckt wird, so wie der kleine potente Hänsel von der Hexe verschluckt werden soll. So als ob eine ganz starke lebendige Substanz einfach ins Leere geht. Und das kann schon unheimlich sein. Wenn ich deinen Sohn ansehe, wünsche ich mir einen Sohn. Aber wenn du mich nach dem Vater-Sein fragst, kommt mir dieser Wunsch wie vorläufig vor. Same und Ei ist ja nur Anfang. Und das Werden geschieht nach der Planung des Erbgefüges oder der Gene. Aber Vater-Sein ist doch auch ein Schritt von der Biologie weg, ist doch auch mit dem Bewusstsein verbunden, ist vielleicht ein geistig-seelischer Akt, in den man sich hineinbegeben muss.«

»Das leuchtet mir schon ein«, meinte Ingeborg etwas versonnen, »dass hier eine Dimension wirksam ist, die man nicht materiell erfassen kann. Aber weiß der Mann das wirklich? Und weiß er auch, wann diese Wirksamkeit aufhört?«

Ohne dass die beiden Männer sich anschauten, schüttelten beide den Kopf. Fast gleichzeitig sagten sie: »Glaube ich nicht …«, und wir lachten alle.

Nach einer Pause sagte Christian: »Für mich ist hinter dem Vater in seiner Armut auch der Reichtum sichtbar geworden, und irgendwie auch, was es heißt, einen Sohn zu haben – oder auch: Sohn zu sein! Aber wichtiger als all diese schönen Geheimnisse ist merkwürdigerweise Jasmines Wort vom ›Nichts‹ hängengeblieben, so paradox das auch klingen mag, weil es zu einem ›Etwas‹ geworden ist. Und dann auch ihre tolle Frage nach der nächsten Frau für den Hänsel-Vater. Als ob sie damit das sogenannte Böse der Stiefmutter verwandeln könnte in eine lebendige, gute Mutter und Frau; als ob sie schon denken könnte …«

Vater Christian hatte sich wohl zunächst wie abgeschoben in ein »Nicht mehr« gefühlt durch das Wort seines Kindes, ein Aufgelöst-Werden seiner geistig-materiellen Position in der Familie. Erstaunlicherweise aber hatte sich für ihn etwas viel Tieferes ereignet, als vorherzusehen war. Christian nahm voller Staunen seine kleine Tochter wahr und entdeckte dabei einen warmen Seelenanteil in sich selbst, der mit diesem Kind ganz tief verbunden zu sein schien. Denn das freie große »Nichts« verbindet sich immer mit einem Ur-Anfang, kann Rücknahme von Gewordenem, Erstarrtem und damit auch Erstorbenem bedeuten, im eigenen Leben ebenso wie in der Welt. Aber es enthält dann auch den schöpferischen Wegbeginn, kann zum Chaos hinführen, an dessen Ufer das Wort klingt: »Beginne ...« Es hatte fast den Anschein, als läge hier für Christian die nachhaltige Beunruhigung, die bis heute in ihm weiterwirkte. Er beobachtete schärfer. Er war bereiter, sich einzulassen, und er war rascher geworden im ordnenden Eingreifen, wenn die Wogen der stürmischen Kinderdynamik über alle Ufer rauschten.

Robert spürte wohl, dass Ingeborg sich von ihrer Frage nach dem »alten Mann« des Traumbildes nicht abdrängen lassen wollte. Auch sie hatte durch die Märchenbilder in einige Dunkelkammern ihrer Seele geschaut. Sie fand wohl, dass sie genügend an ihrem persönlichen Spiegelbild geputzt habe. »Du hast nach dem alten Mann in dem Traum gefragt«, sagte daher Robert jetzt zu ihr. »Für diese Brigitte hatte er ja etwas von ihrem Vater. Aber eigentlich wirkt er ja eher wie ein König, der reiche Schätze schenkt – ein innerer König vielleicht – einer, der Rätsel aufgibt, die nach seinem Tod oder Weggang gelöst werden und dann erst den Betreffenden reich machen. Aber eben von innen her. Vielleicht könnte dieser alte Mann im Traum so etwas wie ein geistiges Führungszentrum symbolisieren.»

Es war eine sonderbar friedliche Stimmung entstanden,

so als wäre ohne Absicht tatsächlich ein ordnendes Prinzip in das Gespräch gekommen. Die scharfen Gegensätze, die das Märchen hatte aufspringen lassen, standen nun nebeneinander, wie in einem dynamischen Gleichgewicht.

»Vielleicht könnte das Märchen ja auch ›Der Vater und die Kinder‹ heißen. Denn zwischen diesen und dem Vater entfaltet sich – und zwar sonderbarerweise durch das weibliche Element – eine beeindruckende schöpferische Tätigkeit. Im Grunde sind sie alle miteinander verbunden«, Vater Christian machte eine kleine Pause und sah von einem zum anderen, »wenn man nicht eigentlich sagen sollte: in einem tieferen Sinne sind sie voneinander abhängig.«

Ingeborg reagierte sehr rasch: »Und trotzdem frei …«

»Und ich finde es einfach großartig«, mischte sich Robert ein, »wie lebendig, persönlich und bezogen ihr mit diesem Märchen umspringt. Ich finde es auch interessant, dass im Anfang du, Christian, die Jasmine nach dem Vater gefragt hast und dass jetzt du, Ingeborg, immer wieder nach dem Vater oder dem Mann fragst. Ich habe mir überlegt, wie weit das eine so wichtige Frage sein könnte – über die Frage nach der Hexe hinaus –, weil das Thema in unseren religiösen Vorstellungen eine so große Rolle spielt, diese patriarchale Melodie unseres christlichen Mythos: Vater und Sohn – Vater, der du bist im Himmel … Dieser Vater-Gott ist – zumindest theologisch – überdimensioniert. Er ist wirklich alles – also ein großer Gegenpol zum Nichts. Er weiß alles, er kann alles, er macht nie Fehler (oder doch?), er verzeiht viel und lässt erstaunlich viel Schreckliches geschehen.«

Robert schwieg abwartend. Ingeborg versuchte, seinem Gedankengang zu folgen. »Meinst du, dass dieser Vater-Sohn-Bogen das Modell sein soll für jeden Vater und auch das Vater-Werden? Ist er darin eingespannt?«

Aber Vater Christian wollte sich nicht so ohne weiteres einspannen lassen. Er hatte andere Einfälle: »Ja, Unvollständigkeit, Versagen, Minderwertigkeitsgefühle, die man ständig kompensieren muss, Machtansprüche, Perfektionismus, der Erste, der Beste, der Stärkste – das sind doch eigentlich die Verhaltensmodelle, die den Lebensweg des Mannes von heute bestimmen.«

Mutter Ingeborg war aber offensichtlich nicht zufrieden mit dieser Auswahl männlicher Eigenschaften und meinte: »Aber es gibt doch auch den Sieger (nach dem sie sich sehnte), den starken Helden (der sie immer nur beschützte), den Zuverlässigen, der mehr weiß ...«

Hier wurde sie unterbrochen, weil die Tür heftig aufgestoßen wurde und Johannes Nikolaus hereingestürzt kam. »Vati«, rief er, »schau mal, ich habe etwas erfunden. Ganz allein. Niemand hat mir dabei geholfen.« Voller Stolz ließ er einen dreieckigen Papiervogel durch die Luft fliegen, der – Zufall oder Absicht – im sanften Gleitflug im Schoß der Mutter landete. Wie ein kleiner deus ex machina hatte das Kind das Abendgespräch beendet, als wollte es verkünden: »Vergesst das schöpferische Element nicht. Denkt daran, dass es nicht nur ein Vaterunser gibt, sondern auch ein: ›So ihr nicht werdet wie die Kinder‹ – und passt auf, dass Hänsel und Gretel als kindlich-schöpferische Möglichkeiten in der Seele lebendig bleiben, wie alles andere, was notwendig ist zum Mutter-Werden und Mutter-Sein, zum Vater-Werden und Vater-Sein.«

Ein Märchen?
Aber vielleicht auch eine vergessene oder verborgene Dimension unserer eigenen Seele, die wie ein vieltausendflächiger Diamant ist und von dessen schillernden Flächen nur wenige Facetten im Licht des Bewusstseins aufleuchten, während die anderen im tiefen Dunkel des Unbewussten ruhen. Aber beides bist du.

Die Deutsche Bibliothek – CIP-Einheitsaufnahme
Ein Titeldatensatz für diese Publikation ist bei
Der Deutschen Bibliothek erhältlich

Neu gestaltete Ausgabe des erstmals 1986 im Kreuz Verlag Zürich
erschienenen Titels

1 2 3 4 5 06 05 04 03 02

Ein Unternehmen der Verlagsgruppe Dornier
Postfach 80 06 69, 70506 Stuttgart, Tel. 0711-78 80 30
Sie erreichen uns rund um die Uhr unter www.kreuzverlag.de
Umschlaggestaltung: Atelier Jürgen Reichert
Umschlagfoto: W. H. Müller
Satz: de·te·pe, Aalen
Druck und Bindung: Clausen & Bosse, Leck
Die Schreibweise entspricht den Regeln
der neuen Rechtschreibung.
ISBN 3 7831 2086 1